音読から読解問題、作文・読書感想文まで、
効果抜群のアドバイス集

国語って、子どもにどう教えたらいいの？

ふくしま国語塾 主宰　福嶋隆史

大和出版

はじめに

この1冊で、あなたの「悩み」がスッキリ晴れる！

この本を手にしたあなたは、きっと次のような状況に当てはまるはずです。

- 夫婦で分担し、国語と算数をわが子に教えようということになった。算数ならまだしも、国語はどう教えればよいか見当がつかない。困っている。
- 既に家庭でわが子に国語を教えているが、だんだんと内容が難しくなってきて、戸惑う場面が増えてきた。
- 自分が子どもだったころの記憶を呼び起こしながら教えるしかないのだけれども、そもそも自分は国語が苦手だったので、教えるということに引け目がある。

●昔から国語は得意なほうだったが、うちの子が納得するように教えるのは難しい。「自分ができる」ということと「他人に教えられる」ということは別ものだと実感している。

●あまりにも理解が遅いわが子に対してイライラしてきて、こっちが先にやる気を失ってしまう。何か効果的な教え方があればよいのだが。

●国語の教え方に関する本はいろいろと読んだが、ちょっと難しくて実践できないことも多かった。かといって、精神論しか書いていないような本は、役に立たなかった。効果的に教えるための入口になるような本が読みたい。

いかがでしょうか。

きっと、当てはまるものがあるでしょう。

この本は主に、そんな漠然とした悩みを抱えたお母さんお父さんのために書きました。

もちろん、あなたが学校や塾の先生、つまり専門家だとしても、参考になる内容が多いはずです。国語を教えるというのは、専門家にとっても決して簡単なことではないのです。

ところで、この本は私の21冊目の本です。

これまでにも、国語の教え方の本は数多く書いてきました。

では、これまでの本と今回の本との違いはどこにあるのか？

それは、ひとことで言うならば「とっかかり」になるよう意識したということです。

この本は、ふくしま式の核である論理的思考力＝3つの力（言いかえる力・くらべる力・たどる力）の理論やその活用方法をこと細かに述べた本、ではありません。そういう本は、既に世に出してきました。

この本は、ふくしま式の国語指導法にのっとりつつも、より幅広く、音読、漢字、日記、テスト直しなど、家庭で意外と重荷になっているであろうことがらを盛り込むように意図しました。

その重い荷物を、まずちょっと肩から下ろしてみましょう。


気をラクにして、こんな言葉でお子さんに「声かけ」してみましょう。

そうすれば、きっと荷が軽くなりますよ――。

そんな「とっかかり」になる本。
それが、この本です。

さて、ここで、この本の構成について述べておきます。
この本は、全部で4つのパートからできています。
パート1からパート3までは、次のような構造になっています。

①よくある悩み相談
②その悩みを解決するとっかかりになる「声かけ」
③その「声かけ」が役に立つと言える根拠の解説と、補足説明

この①~③がセットで1項目になっており、1項目は、おおむね6ページになっています（内容により増減あり）。
一方、パート4ではより視点を広げ、「読書とは」「国語力とは」「教えるとは」などといった本質的なことがらについて、述べています。

パート1～3の内容を、もう少し詳しく見てみましょう。

パート1では、「音読のさせ方」「漢字練習のさせ方」などについて述べるとともに、**「文字が雑」「語彙が少ない」「読点（、）がうまくつけられない」**などといった悩みを解決するためのヒントも含めて、基礎的なことがらを列挙しました。

学校の先生でもこういうアイデアは教えてくれなかったなあ、と思えるような内容が、いくつも見つかることでしょう。

パート2は、主に「読み」に関する内容です。

とくに、**読解問題を家庭でどう教えればよいのか**について述べました。

お子さんが持ち帰ってきたテストを目にした際にお母さんお父さんがまず感じるであろう疑問や悩みからスタートしているため、すぐ行動に結びつけ、役立てることができるでしょう。

パート3は、主に「書き」に関する内容です。

作文、日記、読書感想文、あるいは、模試・入試における意見文。

こういった文章は、自由度が高いというのが特徴です。

自由度が高い。どう書いてもよい。

そういう文章ほど、子どもにとっては書きづらいものです。

自由な課題ほど、不自由になってしまう——このパラドックスを解決するための入口を、たくさん用意しました。


これら、パート1から3は、すべて「声かけ」のお手本を示しています。

お手本というのは、まず、そのままの形で試してみることが大切です。


書いてあるとおりに、言ってみる。

一度でだめでも、また翌日、そのまた翌日、あるいはまた次の週に、再度言ってみる。

そこまでやってもだめだったとき、初めて、ちょっと言い方を変えてみる——。

これが大事なことです。

内容をだいたいつかんだからといって、我流のセリフで声かけしてしまっては、この本の価値は半減してしまいます。

この点は、くれぐれもご注意ください。

そうした点さえ守っていただければ、この本は、あなたのお子さんにとって、そしてあなたご自身にとって頼れる1冊になること、間違いなしです。

なお、この本は必ずしも最初から順に読んでいく必要はありません。

気になる内容からランダムに読んでいただいても、いっこうにかまいません。

そして、ひととおり読み終えたあとも、いつも手元に置いておきましょう。

我流の声かけで失敗したと思ったときに、あらためてひもとけるようにしておくのです。

＊

余談ながら、この本を書き始める前、私は、自分の塾（ふくしま国語塾）の生徒の保護者のみなさんに呼びかけを行いました。

ご家庭で国語を教える際の悩みを、どんな初歩的なことでもいいから、ぜひ教えてください——と。

その呼びかけに応えてくださった約20名の方々を対象に、質疑応答の形で聞き取りを行ったのです。この本には、その内容が反映されています。

また、年に1回ほど行っているセミナーの中で、日本全国から集まった親・教師のみなさんからいただいた疑問・質問・悩みの類も、同様に生かされています。

そんなわけですから、実にリアリティのある1冊になっているはずです。

さあ、あなたも、日々の悩みの解決につながるヒントを見つけて、お子さんに声をかけてみることにしましょう！

ふくしま国語塾 主宰　福嶋隆史

国語って、子どもにどう教えたらいいの？　もくじ

パート1　子どもにどう教えたらいいの？　――読み書きの基本

うちの子は、まともに音読ができません。

何度もつまずいたり、おかしなところで切って読んだり、勝手に別の言葉に読み替えたり……。

一方で、学校の先生からは音読カードを渡され、チェックするよう言われています。

どうしたらよいか、困り果てています。

子どもにどう教えたらいいの？――テストの解き方・考え方・直し方

パート3
子どもにどう教えたらいいの？――作文・感想文・自由度の高い記述答案

あらためて「国語の本質」って何？ ――子どもに「正しく教える」ために

本文デザイン／村崎和寿（murasaki design）

パート1

子どもにどう教えたらいいの？

——読み書きの基本

読解や作文でも、もちろんいろいろな悩みを抱えている。
けれども、わが子には、もっと基礎的な部分でのつまずきがある。
音読できない。漢字が覚えられない、活用できない。
文字が雑。語彙が貧弱。
句読点も正しくつけられない。
そういった、読み書き以前の基盤とも言える部分での悩みを、
少しでも解決させられたら――。
パート1は、そんなあなたのためにあります。

1

どうチェックすればいいの？——音読

うちの子は、まともに音読ができません。
何度もつまずいたり、
おかしなところで切って読んだり、
勝手に別の言葉に読み替えたり……。
一方で、学校の先生からは音読カードを渡され、
チェックするよう言われています。
どうしたらよいか、困り果てています。

＼こんなふうに声をかけてみましょう！／

「今から少しずつ区切って読んであげるから、まねして読んでごらん」

ワンランク上の声かけ！

「言葉のまとまりごとに／（スラッシュ）を入れながら読んでごらん」

私は、自身が小学校教師だった当時、「音読カード」というものを一切使っていませんでした。保護者に評価を任せることもありませんでした。音読も授業の一環であり、その指導および評価は教師がなすべき仕事である。それがポリシーだったからです。

音読カードによる評価は、本来、親の仕事ではありません。ですから、主観で、ちょっと多めにプラス評価するくらいで書いてあげればそれでよいでしょう。

とはいえ、音読には一定の価値があります。

家庭で丁寧に取り組む余裕があるのなら、それは決して無駄ではありません。

音読の価値についてはさまざま考えられますが、単純に言えば「読めたつもり」に気づけるということが大きいでしょう。読めたつもりだったが、実は読めていなかった。音読をすると、子ども自身がそのことに気づけるのです。

たとえば、次の文を音読させてみましょう。小学3年生くらいでもつまずくはずです。

① 「そのろうそくはいつからかはしらないが消えてしまっていた」
② 「高い場所は長いのでないととどかないよ」

子どもが音読でつまずいたとき、1、2回で正しく修正できる子もいれば、何度読んでもなかなか自力で修正できない子もいます。

後者の場合、親としてはどうしても「できるまで読み直し！」と指示したくなりますが、それにも限度があります。早めに、次のようなやり方に切り替えるべきでしょう。

(親)「じゃあ、今から少しずつ区切って読んであげるから、まねして読んでごらん」
(子)「うん」
(親)「そのろうそくは」
(子)「そのろうそくは」
(親)「いつからかは、しらないが」
(子)「いつからかは、しらないが」
(親)「消えてしまっていた」
(子)「消えてしまっていた」

要するに、英語の勉強のように、リピートさせるだけです。**目で読むのがかなり苦手な**

子でも、耳から入った言葉をリピートするのは簡単にできるということが多いのです。

大事なのは、必ず文字も見させるということです。

そのとき、できれば鉛筆を持たせ、親の声がいったん停止するたびに区切り目に／（スラッシュ）を入れさせてみてください。そうすると、ちゃんと目で追うことができているかどうかが分かります。

文字列を正しく区切れないというのは、言葉をまとまりで把握できないということであり、それは言葉のかたまりを耳から取り込む経験の絶対量が足りないということを意味します。「いつからかは」などというフレーズを何度も聞いたことがあれば、自然とそこで区切れるはずなのです。

聞く経験の不足を補うためにも、自力で読ませることばかりにこだわってはいけません。

ところで、先の例文②を音読させると、どのくらい先の文字を目で追うことができているかが分かります。

「高い場所は長いので、ないと……」と切ってしまう子は、「ので」を理由の意味で受け取っている可能性があります。しかしもちろん、これは（棒などの）「長い物でないと」という意味です。これを、ノーミスで（または瞬時の訂正だけで）すらすら正しく読める子は、「長い」あたりを読んでいる時点で、目は「とどかないよ」あたりを追い始めているわけです。高い場所は届かない。この前後関係をすぐに把握できているということです。

もし、音読を聞いてあげている途中でお子さんが読み間違えたら、文を最後まで読むのを待ったりせず、その場ですぐ口をはさむべきです。ただし、お説教は不要。正しい読みを、さらっと言ってあげるだけでよいのです。

また、声が小さいことをあまり重大視しないでください。どうしても声を出させたいなら、「大きな声で」と言わず、**「高い声で」**と言いましょう。「ド」で話さず「レ」や「ミ」で話すように指示するのです。それだけで、自然と聞こえやすくなります。

なお、音読の不得手は発達障害に起因することもあります。程度によっては、学校の先生や地域の専門施設への相談を検討することも考えたほうがよいでしょう。

《ポイント》聞く経験が増えれば、言葉をかたまりでつかみ、読めるようになる。

2 効果的な練習方法は？――漢字①

うちの子は、漢字が書けません。
漢字テストでもなかなか点数が取れませんし、
作文などでは漢字で書こうとしないことも
しばしばです。
漢字練習の段階でも、ちゃんと覚えながら
書いているのかどうかあやしいのです。
どうしたものでしょうか？

こんなふうに声をかけてみましょう！

「5つくらいの言葉をかわるがわる書いたほうが、早く覚えられるよ」

「覚えているかどうか、指で書いてごらん」

ワンランク上の声かけ！

「書いた漢字を、わざと忘れるようにするんだよ」

「習った字は使う！　これをルールにしてごらん」

漢字も、他のあらゆる記憶と同様、インプットとアウトプットを意識的に行うことが大切です。

インプットとは、たとえば漢字ドリルに取り組むことや、漢字練習ノートに書いて練習することです。アウトプットとは、たとえば漢字テストの場で漢字を思い出しながら書くことや、作文の中で漢字を使うことです。

このどちらにおいても、ちょっとしたコツがありますので、それを紹介します。

漢字のインプット

①漢字一字単位で練習してはいけない！

漢字練習と言えば、ドリルであれノートであれ、その新出文字を一字単位で書き連ねる形式をイメージするでしょう。つまり、同じ字を何度も連続して書く方法です。

しかし、この方法では、2つのリスクが生じます。

(1) 途中から字形が変わってしまう場合がある

人間、同じことを繰り返しているとだんだん集中力が切れ、作業が粗雑になりがちです。

下図Aに示すような間違い（具が貝に変わってしまう）が途中で生じる可能性は十分にあり、こうなると結果的に間違った字形をインプットすることになります。これを記憶上で修正するためには、さらなる練習が必要になってしまうのです。

（2）読み方を覚えにくい

たとえ字形を正しく覚えることができたとしても、読み方も覚えられるかというと話は別です。たとえば、下図Bのように「親」という字を繰り返し書くとき、子どもは「おや」「おや」……と心の中でつぶやいているはずで

A　具　具　具　具　貝　貝　……

B　親　親　親　親　……

C　親友　親友　親友　……

D　親しい　親しい　親しい　……

E　親友　親友　親友　……
新聞　新聞　新聞　……
少年　少年　少年　……
会場　会場　会場　……
食べる　食べる　食べる　……

F　親友　新聞　少年　会場　食べる
親友　新聞　少年　会場　食べる
親友　新聞　少年　会場　食べる

す。「シン」「シン」と思いながら書く子は少ないでしょう。しかし当然ながら、この字は「親友」などと音読みでも使います。また、「親しい」「親しむ」などと訓読みでも使います。

これらのことから、練習の際は熟語単位で、または訓読みの送りがなまで含めた形で練習すべきなのです（図のC・Dを参照）。

②同じ言葉ばかりを連続して書いてはいけない！

実は、図のCやDの方法は、まだ欠点があります。

それは、「思い出す」プロセスが少なくなるということです。

「インプットされている」というのは、「思い出せる状態にある」ということです。

思い出すプロセスを意図的にはさむ、すなわち**一度忘れるプロセスを意図的にはさむことによって、インプットは強化されるのです。**

図のFでは、「親友」を一度書いたあとで別の言葉を4つ書いているうちに「親友」の書き方を忘れます。そのため、再び「親友」に戻ってきたとき、書き方を「思い出す」ことが必要になります。ここで、定着度が上がります。ところが、Eの方法では、そういった思い出すプロセスがないため、定着度がさほど上がらないわけです。

漢字のアウトプット

①日常的に「指書き」をさせる！

漢字を覚えているか確認するためには紙と鉛筆がなければいけない――そう思っていませんか？　それは間違いです。漢字は、机上や空中に指で書かせてみるだけで、書けるかどうかをすぐ判定できます。覚えていれば指はすらすら動きますが、覚えていなければ指は止まります。このとき初めて、じゃあノートに書いてみよう、と行動すればよいのです。

②習った漢字は使わせる！

どんなに漢字を覚えても、作文などの場で積極的に使わなければ、真の意味での定着には至りません。書こうとした漢字を思い出せないとき、子どもたちはついサボってひらがなで書いてしまいますが、これをなるべく許さないようにすべきです。淡々と、「習った字は漢字で書きなさい」と言い続けることが大切なのです（『小学漢字　１００６字の正しい書き方』（旺文社）などの本を手元に置くと、子どもが自主的に調べるようになります）。

《ポイント》練習法をひと工夫するだけで、漢字の定着率は上がる。

3

「意味」はどこまで押さえておくべきなの？——漢字②

うちの子は、漢字テストではそこそこの点数を取ってきます。漢字の「読み」と「書き」については、あまり心配していません。でも、その漢字をちゃんと活用できているかというと、疑問が残ります。漢字には、「読み」「書き」だけでなく、「意味」があるということを分からせたいのですが、何かアイデアはありませんか？

こんなふうに声をかけてみましょう！

「ひらがなの『た』には意味がないけど、漢字の『田』『他』『多』にはそれぞれ別々の意味があるでしょ。漢字にはそれぞれ、意味があるんだよ。調べてみると面白いよ」

ワンランク上の声かけ！

「よく使う熟語を漢字一文字ずつに解きほぐして、それぞれの字の意味を調べてごらん」

漢字には、それぞれに「意味」があります。

これは当たり前のことなのですが、お母さんお父さん自身、学校で「漢字の意味」をちゃんと習った記憶はほとんどないのではないでしょうか。

それもそのはず。漢字と言えば、とにかく読み書きの練習ばかり。意味など二の次——というのが、学校教育における漢字指導の変わらぬ実情なのです。

今「指導」と書きましたが、そもそも漢字は全部宿題にしてしまっている（家でドリルを勝手に進めさせるだけで、指導しない）という先生も多いのではないかと思います。

これは、大変もったいないことです。

もちろん、漢字の意味には多様性があるため、教えるのが難しいというのは認めます。成り立ちも辞書によってまちまちであり、迷うところがあります。

しかし、漢字一文字単位での意味に注目することは、語彙を広げることに直結しています。意識するとしないとでは、大違いなのです。

たとえば、次の熟語の意味をお子さんにたずねてみてください。

料理

え？　何言ってるの？　料理は料理でしょ。
と、返ってくるかもしれません。
そうではなく、いわゆる料理のことを、なぜ「料理」と書くのか、という問いです。
そう問われると、あれ、どうしてだろう、と立ち止まるはずです。
そして、「料」と「理」をそれぞれ調べることになるでしょう。
すると、次のようなことが分かります。

「料」の部首である「斗」は、「ひしゃく」あるいは「ます」を意味する。それを用いて「米」など穀物の量を調べるわけだ。そこで、「料」は、**「量を調節して何かをうまく作る」**＊という意味になる。それが転じて、**「何かを生み出すもとになるもの」**＊として使われている（＊『漢字ときあかし辞典』研究社）。

「理」も同様に調べると、「筋道（が整っている様子）」を意味していることが分かります。
ということは、料理というのはそもそも、「量を調節して何かをうまく生み出し、きちんと筋道の整った状態にすること」といった意味なんだな——などと、解釈できます。

たしかに、食べ物をめちゃくちゃに混ぜ合わせたような状態のままでは、料理とは言えません。

こんなふうに調べ、考えると、「料理」という言葉がかなりプラスの意味を持っていることにも気づきます。

同時に、次のようにも考えることになるでしょう。

「料」は「何かを生み出すもとになるもの」か……。なるほど……**原料、材料、燃料、資料、肥料**……たしかに、どれも、そういう意味だな。

こんなふうにとらえておくことによって、次に「料」のつく他の熟語に出くわしたときにも、その意味を推測できるようになるのです。

もちろん、「理」も同様に役立ちます。

理由、理屈、理科、整理、管理、論理……どれも、「筋道」に関連が深い言葉ですね。

もし、文章の中で「理性」という言葉に出くわしたとき、その意味が分からなくても、「理がついてるから、たぶん、筋道を整えるようなイメージの言葉なんだろう」と、推測できます。

実際、感性・感情が「はっきりした筋道がない無秩序なイメージ」を持つのに対して、理性は「はっきりした筋道がある秩序正しいイメージ」があります。
漢字というのは、このように、「イメージ」をわき上がらせてくれるのです。
ほかにも、イメージの例を挙げておきましょう。

「直」……「まっすぐ」なイメージ　〈熟語の例〉直結、素直、正直など
「象」……「目に見える形」のイメージ　〈熟語の例〉現象、印象、象徴など
「絶」……「切れている」イメージ　〈熟語の例〉絶対、絶壁、断絶など
「系」……「つながっている」イメージ　〈熟語の例〉太陽系、系統、体系など

なお、こうしたとらえ方がとくに役立つのは、文字を見たときに音読みが浮かびやすい場合です。訓読みは意味を直接的に伝えます。真っ先に訓読みが浮かぶ場合は、それがそのままイメージになるため、さほど困らないわけです。

《ポイント》漢字の意味を調べて、一文字ごとのイメージを持っておく。

④

丁寧かつ正確に書かせるには？──文字

うちの子は、文字が雑で読みづらく、かなり損をしています。

それに、カタカナの字形が乱れる、不正確な漢字を書く、かなづかいを間違えるなど、いろいろと問題があります。

とにかく文字で困っています。少しでも改善させるには、どうすればよいでしょうか？

こんなふうに声をかけてみましょう！

「校長先生に手紙を書くつもりで書いてごらん」

ワンランク上の声かけ！

「毛筆で書くつもりで書いてごらん」

ひとくちに文字が雑、あるいは文字が正しく書けないと言っても、諸相あります。
まず、次のどちらなのかを見極める必要があるでしょう。

①意識すれば変えられるケース
②意識してもなかなか変えられないケース

②の場合、怒鳴ったり強制したりすると逆効果になることがあります。というのも、いわゆる書字障害あるいは発達性協調運動障害等、障害に起因する場合があるからです。この場合は、専門施設に相談するなどして、最適な対処法を冷静に探す必要があります。
①は、たとえば、頭の回転の速い子が知らず知らず文字を雑に書いてしまうとか、練習不足・知識不足で字形を間違ってしまうとか、そういうケースです。
ここでは主に、①を対象に述べます。
①の場合も、むろん、怒鳴ることなどは避けたいものです。
たとえば、文字が雑だという場合は、次のような声かけをしてみましょう。

「校長先生に手紙を書くつもりで書いてごらん」

小学校1～3年くらいの子であれば、これだけでずいぶん丁寧な文字になります（素直に言うことを聞けばですが）。

4～6年、あるいは中学生くらいの子であっても、同様のひとことで乱雑さは減ります。たとえば、テストの答案ならば、丁寧に書けたときの答案と、雑に書いたときの答案とを両方用意し、次のように言います。

「どっちの答案にマルをつけたくなるかな？　採点する人は」

これらは、つまり**「読み手を意識させる」**ということなのです。

ときどき、ノートの字は雑でも黒板の字や毛筆の字は丁寧だ、という子がいます。これも、読み手すなわちクラスの子に見られるという意識が働いているのでしょう。

そこで、「毛筆で書くつもりで書いてごらん」という声かけも、有効になるはずです（そもそも、学校の書写における毛筆は、硬筆で文字を丁寧に美しく書けるようにするための土台づくりとして行われています）。

ところで、文字が小さい子と大きい子、どちらが困るかと言えば、明らかに「小さい子」でしょう。大きすぎるのも困りますが、小さいとそもそも文字を区別できません。

そこで、私がときどき行っていることがあります。

小さな文字を書いたマス目の、余白の部分を薄く赤鉛筆でぬるのです（図参照）。こうすると、いかに小さな文字で書いていたのかを、いやでも認識できます。

あるいは、前後の文字を隠して読ませるという手もあります。

小さく雑な字で書いてあっても、前後の文字や文脈から何とか意味をつかめることのほうが多いのですが、前後の文字を鉛筆などで隠し、その文字を孤立させてしまえば、いかに読みづらい文字だったかに気づくことができます。

大事なのは、本人に、「たしかに雑な字だ」という認識を持たせることです。

そうすれば、あとは本人が曲がりなりにも直そうとし始めるはずです。

「もっと丁寧に書きなさい！」

といくら怒鳴っても、まずそうした認識がなければ、変わるはずもないのです。

ちなみに、先ほど「マス目」と書きました。

私は開塾以来ずっと、原稿用紙タイプのノートを生徒用に配り、授業で使わせています。

これは、原稿用紙の書き方のルールを学べること、字数感覚が身につくこと（50字とい

て

原稿用紙の1マス

うのはこのくらいの分量なんだな、などと実感できること）、そして、文字を丁寧に書くきっかけが生まれることなど、メリットが多い手法ですから、おすすめです。

かなづかいや、ひらがな・カタカナ・漢字の字形の間違いなどについては、そのつど覚えさせていくしかありません。よくある間違いの例については、『ふくしま式「小学生の必須常識」が身につく問題集』（福嶋隆史著・大和出版）に一定数載せていますので、ご参照ください。

ところで、大人でも間違う「シ」と「ツ」の字形については、次のようなつながりを教えると、正しく覚えられます。ぜひ、活用してみてください。

上→下

し し し シ

左→右

つ つ つ ツ

《ポイント》読み手を意識させる。小さい字だ、雑な字だと認識させる。

5 ムリなく増やすには？——語彙

うちの子は、同年代の子にくらべて、語彙が少ないように感じます。作文ではもちろん、会話でも、使っている言葉が幼いような印象があります。ときどき大人びた言葉を使うこともあるのですが、たいていはニュアンスが間違っています。こういう子が語彙力を伸ばすための方法は、何かありませんか？

こんなふうに声をかけてみましょう！

「今日1日、『びみょー』という言葉を使わないですごせるか、試してみようよ」

ワンランク上の声かけ！

「『かなり』と『相当』はどう違う？」

語彙力について考えるときは、言葉とはそもそもどういうものなのかを、押さえておく必要があります。

言葉とは、簡単に言えば**「区切るもの」**です。

たとえば、ピンク色と紫色を思い浮かべてみてください。

2つの色はよく似ていますが、多くの人は「区切り目」を持っています。

その区切り目を生んでいるもの。それが言葉です。

「ピンク」という言葉と、「紫」という言葉。

それぞれの言葉が意味を決め、区切り目を決めています。ピンクという言葉はここからここまで、紫という言葉はここからここまで、というように。

でも、ピンクか紫か決められないような色もありますね。

言葉というのは多くの場合、そういう「あいまいな範囲」を持っています。

このあいまいな範囲をなるべく狭くし、なるべく多くの人と共通の「区切り目」を持てるようにすることが必要であり、それが語彙力を高めるということです。

しかし、子どものうちは、このあいまいな範囲が非常に広く、区切り目の数が非常に少ないわけです。

なるべく多くの言葉を覚え、区切り目を増やす必要があるのです。

そのために、手軽にできる2つの方法を紹介します。


1つは、NGワードを決めること。


会話の中でどうしても多用してしまう言葉が、子どもにもあるはずです。それをNGワードにします。

たとえば、「びみょー（微妙）」という言葉。

「このトマト、味がびみょーだな」

この言葉は、「なんとも言えない」状態を表すときによく使われます。

なんとも言えない。

でも、「なんとか言ってみる」のです。

「このトマト、味が薄いな」

「このトマト、酸っぱくも苦くも甘くもなくて、おいしくないな」

などと、言いかえるわけです。

とにかく、「びみょー」をNGにする。まる1日でもよいですし、何時間かでもよいでしょう。びみょー禁止令を出し、親も子も、それを守る。ゲーム感覚で、言いかえる練習をするということです。

ちなみに、俗語としての「びみょー」は、どちらかと言うと、マイナスのイメージを伝える言葉です（ただし元来の「微妙」は「なんとも言えぬ美しさ」のようなプラスのイメージを持っています）。

こうした、言葉の背後にあるプラス・マイナスのニュアンスも意識すれば、言いかえがうまくなるでしょう。

もう1つの方法は、似た意味の言葉をいくつか挙げて、その中の2つの言葉の意味範囲の違いを考えてみること。

たとえば、程度を表す言葉を挙げてみます。

ちょっぴり　少し　それなりに　まあまあ　なかなか

わりと　だいぶ　かなり　相当　ずいぶん　けっこう

この中で、「かなり」と「相当」の違いを考えてみます。

「かなりの雨だったよ」「相当な雨だったよ」

おそらく、多くの人は後者のほうが雨量がやや多かったと感じるでしょう。

「かなり」よりも「相当」のほうが、程度を強調する度合いが高いようです。

なお、よく考えていくと、こうした単純な程度の差以外にも気づくことがあるはずです。

たとえば、「なかなかいいね」とは言っても、「なかなかダメだね」とは言わないだろう、などと、プラス・マイナスが限定されるケースに気づくことがよくあります。このようにプラス・マイナスが限定される言葉は、実はたくさんありますので、意識しておくと、言葉のニュアンスの判別に役立ちます。

NGワードによって新しい言葉へのアンテナを少し伸ばしてあげたり、似た言葉をくらべることで既知の言葉に未知の発見を与えてあげたりすること。これらが、語彙力を高めることにつながっていきます。ぜひ、試してみてください。


《ポイント》 意味を区切る「言葉」をたくさん持てるよう、働きかける。

6

つけ方のルールってあるの？――読点

うちの子は、句読点を正しくつけられません。下の子は句点も読点もない文を書いてしまうし、上の子は読点だらけで読みづらい文を書いてしまいます。

とくに難しいのは読点（、）だと思うのですが、読点のつけ方を分かりやすく子どもに教えるには、どう伝えればよいのでしょうか？

こんなふうに声をかけてみましょう！

「音読したときに止まるところに、点をつけてみよう」

ワンランク上の声かけ！

「意味のつなぎ目に、点をつけるんだよ」

「。」が句点、「、」が読点です。

まずは、このことを確認しておきましょう。

さて、読点のつけ方についてですが、子どもたちが最も多く耳にしているであろうアドバイスは、これです。

「音読したときに自然に止めたくなるところに、点をつけよう」

この方法で、一定の範囲はカバーできます。

小学校低学年くらいまでは、それでもよいでしょう。

しかし、言うまでもなく音読のしかたは個々人で異なるわけで、決して正確なアドバイスであるとは言えません。

そこで、正確なところを調べてみると、『言葉に関する問答集　総集編』（文化庁）の巻末資料では13とおり、『句読点、記号・符号活用辞典。』（小学館）では20とおり以上、読点の用法が列挙されています。

これらを全部子どもに指導するのはさすがに難しいでしょう。

実態に即した指導が必要になります。

実は、読点を抜かしがちな子に意識させる必要があるのは、次の1点だけだと私は考えています。

ズバリ、読点は、「意味のつなぎ目」につけるということです。

意味のつなぎ目とは、正確に言えば**「接続語※のあと」**です（※ここでは、いわゆる接続詞および接続助詞など、関係を表す語句を幅広く含む意味で用いています）。

接続語とは、意味のかたまりと意味のかたまりをつなぐ言葉です。別の言い方をすれば、関係性を表す言葉です。例を示します。

①あの子は歩く計算機だね。つまり、計算が速くて正確だってことさ。
②日本はもう夜だ。しかし、アメリカはまだ朝だ。
③今日はこれから雨になるらしい。だから、雨具を持って行ったほうがいい。

これらはいずれも、文頭につく接続語のあとに読点をつける例です。
①は同等関係（言いかえる）。②は対比関係（くらべる）。③は因果関係（たどる）。

言いかえたり、くらべたり、たどったりする※とき、そこに読点をつけるわけです（※それぞれの意味は169ページを参照）。主な関係性としては、ほかに、並列関係（ならべる）や補足関係（おぎなう）などがあります。

そして、文中の場合も同様につけることになります。

④手紙を書こうと思ったが、なかなか言葉が出てこなかった。
⑤今すぐに出るならば、会場には予定の時刻に着くだろう。
⑥訪問することを事前に知らせていなかったため、驚かせてしまったらしい。
⑦パン屋の角を左に曲がって、あとはまっすぐです。

子どもが読点を抜かしてしまうたびに、粘り強く、「ここは意味のつなぎ目だから」と声をかけ、点を打つように指示することを繰り返します。

実は、こうした箇所は、先に述べた「音読で止める場所」にもたいてい重なります。ですから、こうした例を体験的に積み重ねるうちに、子ども自身が気づくようになるはずです。「あ、ここは音読すると止まるし、意味のつなぎ目だから、点があったほうがいいはずだ」などと。

なお、接続語のあとには100%読点が必要だと決まっているわけではありません。

次の例を見てみましょう。

⑧しかし、今は、まだ幼い。

⑨しかし今は、まだ幼い。

⑩しかし今はまだ幼い。

どれも、間違いではありません。じっくり読ませたいときは⑧を選ぶでしょう。逆に、勢いをつけて読ませたいときは⑩になります。その中間が⑨です。

⑨は、3つの中では最も自然な口調で読める読点のつけ方です。

こうしたプロセスについては、先述の『言葉に関する問答集　総集編』の巻末資料では次のように説明されています。

「(原則に従い読点を打ったあとで) 口調の上から不必要なものを消すのである」。

⑧→⑨は、ここまでに述べた「接続語のあとの読点」を外すパターンです。

一方、⑨→⑩は、「主題のあとの読点」を外すパターンです。

一般に、主題を表す「は」のあとには読点をつけますが、音読したときに不自然な印象があるときには、外してもよいわけです。

主題※には主語が含まれることもあるため、学校の国語教育では「主語のあとには点をつけるんだよ」と教わることも多いでしょう（※外国人に対する日本語教育では、文の構成を「主語＋述語」よりも「主題＋解説」などという形で教えることが多く、そのほうが理にかなっています）。

「私は、急いで準備をした」などという文が、それに当たります。この場合も、「私は急いで準備をした」と読点を外したほうが急いでいる印象が伝わりますから、自然で適切な外し方であると言えます。

なお、長年指導してきた経験上、「接続語のあとの読点」は、外したほうがよいケースが少ないですから、まずはこの読点をちゃんとつけるように意識化させるのが得策です。

さて、先に「1点だけ」と述べましたが、実はもう1つ、書いておくべきことがあります。それは、誤読を防ぐために必要不可欠な読点についてです。例を示します。

⑪借りた本はきのう返したはずだよ。
⑫きのう借りた本は返したはずだよ。
⑬きのう、借りた本は返したはずだよ。

伝えたい内容が⑪であっても、子どもたちはつい⑫のように書いてしまいます。「きのう」などという時間の表現は、文の中の語順としては真っ先に書くのが通例だからです。しかし、⑫では、借りた日が「きのう」であると読めますから、返した日が「きのう」であるという⑪の意味は伝わりません。

この⑫を修正するには、⑬のように読点を入れるのが簡単ですが、最初から⑪のような語順で書ければそれがベストです。

修飾語（きのう）と被修飾語（返した）を近づける。

この大原則を守るよう指導するのが、最短距離でしょう。

《ポイント》読みやすい文にするために、いつも読点を意識させよう。

パート 2

子どもにどう教えたらいいの？

――テストの解き方・考え方・直し方

テストというのは、やりっぱなしではいけない。
親としては、テスト直しの際にアドバイスしてあげたい。
語彙や文法についての問題だったら、なんとか教えられる。
でも、テストの本体とも言える「読解問題」については、
教えるのがとても難しい。
もちろん、〝力ずく〟で説明することはできる。
しかし、教えたことが次の問題にも生きるように教えるのは、
やっぱり難しい――。
そんなあなたに、一歩前進するためのヒントをお届けしたい。
それが、このパート2です。

1 どうしたら、もっと点数が取れるの？
——物語文の読解

うちの子は、記述問題の答えをけっこうがんばって書いていると思うんですが、なかなか点数がもらえないんです。とくに、物語文の読解で困っています。どうしたらよいのでしょうか？

こんなふうに声をかけてみましょう！

「人物の細かい行動やセリフをそのまま書くんじゃなくて、別の短い言葉で言いかえるようにするといいんだよ」

ワンランク上の声かけ！

「人物の具体的な行動やセリフは、ひとことで抽象化すればいいんだよ」

まずは、例題を見てみましょう。


今日もユウタに謝れなかったな……。

シンジは、自分が悪いということを分かっていながら、もう一週間も「ごめん」と言えずにいた。

ところが、その日の帰り道。ユウタが声をかけてきた。

「あのさ。シンジがぼくに謝りたくていろいろ話しかけてるの、分かってるよ」

その言葉で、シンジは肩の荷が下りたような気がした。


(問い)「シンジは肩の荷が下りたような気がした」とありますが、それはなぜですか。


「肩の荷が下りた」が「ほっとした」といった意味であることを、まずは知らなくてはなりませんが、今回のポイントはそこではありません。

この問いに対しては、次のような答えを書く子が多いでしょう。

答案例①「シンジがぼくに謝りたくていろいろ話しかけてるの、分かってるよ」と
ユウタが言ってくれたから。

セリフをそのままの形で使っている答えです。決してよい答えではありません。テストによってはこれでマルがもらえる場合もあるかもしれませんが、せいぜい小学3年生まででしょう（小学4年生以上でもこれでマルがもらえるならば、そのテストの採点の質はあまり信用できません）。

さて、それではどんな答えがよいのでしょうか。

答案例②ユウタが自分の気持ちを理解してくれていることを知ったから。
答案例③ユウタに自分の気持ちが伝わっていると思ったから。

答案例②・③とも、正しい答えです（どちらも「シンジは」と主語を加えるとより正確になります）。

さて、これらと①との違いは、どこにあるのでしょうか?

ぜひ、お子さんに両者を見せて(聞かせて)、違いを考えさせてみてください。

ポイントは、次の言葉です。

② 理解してくれている
③ 伝わっている

こんな「ひとこと」が自然に出てくれれば苦労しないんだけど、と思ったかもしれません。

でも、必ずしも「自然に出てくる」わけではありません。

文中にヒントがあります。それを意図的にキャッチするのです。

今回は、「分かってるよ」という言葉です。

分かっている、つまり、理解している。

分かってくれている、つまり、伝わっている。

このちょっとした言いかえ、ちょっとした抽象化を、意識できるかどうか。

ここが、答案の差となって現れてくるのです。

もちろん、言いかえやすいセリフもあれば言いかえにくいセリフもありますが、抽象化する意識さえ持てば、その分だけ答案のレベルは上がります。
なお、次のような答案は逆に抽象的すぎますから、注意が必要です。

答案例④ ユウタが声をかけてくれたから。

これではあまりに具体性がなく、シンジがほっとした理由としては不十分です。具体化しすぎも抽象化しすぎも、禁物なのです（170ページ参照）。
とはいえ、物語文読解の記述が苦手な子どもたちに多いのは、やはりセリフを抜き出してしまうパターンです。セリフ以外にも、いつどこで誰が何をどうした、というような具体的な行動やできごとの描写を抜き出してしまうパターンも、同様に多く見られます。意識的な抽象化を心がけるよう、声をかけていきましょう。

《ポイント》セリフをそのまま使って答えを書いてはいけない。

②

意味をいち早く読み取るには？
——説明文の読解

うちの子は説明文が苦手です。
出だしから意味が分からなくて、
何度も読み直したり立ち止まったり
しているうちに、どんどん
時間がすぎてしまうみたいなんです。
少しでも速く読むために、
できることはありませんか？

＼こんなふうに声をかけてみましょう！／

「分かりにくいところは、勇気を持って読み飛ばせばいいんだよ。いずれ、分かりやすい例が出てくるから」

ワンランク上の声かけ！

「分かりにくいところはたいてい抽象的なところだからね。具体例が出てくれれば、急に分かるようになるよ。そこまでは、勇気を持って読み飛ばせばいいんだよ」

今回も、例文から見てみましょう。

以前、このような主張に出くわしたことがある。考えるというのは、知ることとは別ものである。考えるというのは、自分から何かを生み出すプロセスであり、他人に与えられた知識を頭に詰め込んで満足している状態とは違う。さあ、知ることばかり求めていないで、もっと考えるようにしよう。そういう主張だ。しかし、知るということ、あるいは知識というものは、本当にその程度のものなのだろうか。

たとえば、日本以外の国の名前を全く知らない人がいるとする。彼にとっては、アメリカもフランスも中国もインドも〝存在しない〟ことになる。彼にとって存在するのは、「外国」だけだ。外国の名を知らない彼は、外国について考えることができるだろうか。「外国」外国について「考える」には、アメリカはこうだが中国はこう、と言えなければならない。国名を「知っている」必要がある。（中略）

知ることは、考えることと別のプロセスにあるのではない。両者はつながっている。考えるということの前提にあるもの。それが、知識なのである。むしろ、知らなければ、考えることなどできないと言ってもよいわけだ。

『国語読解[完全攻略]22の鉄則』(福嶋隆史著・大和出版)より(一部改変)

この文章を冒頭から読んだ場合と、6行目の「たとえば」から読んだ場合と。

どちらが、子どもにとって分かりやすいでしょうか?

言わずもがな、後者ですね。

具体例というのは、理解を助けてくれます。

具体例が出てくるまで、がまんすればよいのです。

具体例が出てくるまでの抽象的な部分は、意味が分からなくてもとりあえずそのまま、ざーっと読み流してしまう。「ああ、なんかよく分からない難しいこと言ってるなあ」と思いながら、読み飛ばす(ななめ読みする)わけです。

心の中で、**「具体例早く出てこい」**と思いながら。


具体例が出てくるまでの長さは文章にもよりますが、全体の半分を読んでも出てこないということは、まれです。

具体例によってある程度の理解が得られたら、そこで冒頭に戻って、分かりづらかった部分を再読します。すると、見違えるように理解できる――。

こういうことが、よくあるのです。

ところが、律儀な子ほど、1行目からちゃんと理解しなければと考え、先の例文で言えば5行目までの範囲を何度も読み返してしまう。「えーっと……『考えるというのは、自分から何かを生み出すプロセスであり、他人に与えられた知識を頭に詰め込んで満足している状態とは違う』って……どういうことだろう?」などと。

具体例なしに書かれた抽象的な文章というのは、本当に分かりづらいものです。

そのことは、実は書き手が一番分かっています。

このままではきっと読み手が理解できないだろう。ここらへんで具体例を入れよう。

書き手は、そうやって文章を構成します。

ですから、たいていは遅かれ早かれ具体例が出てくるのです(読解問題の出題者によって意図的にカットされたりしていない限りは)。

要は、次のような文章の全体構造をイメージしながら読むことです。

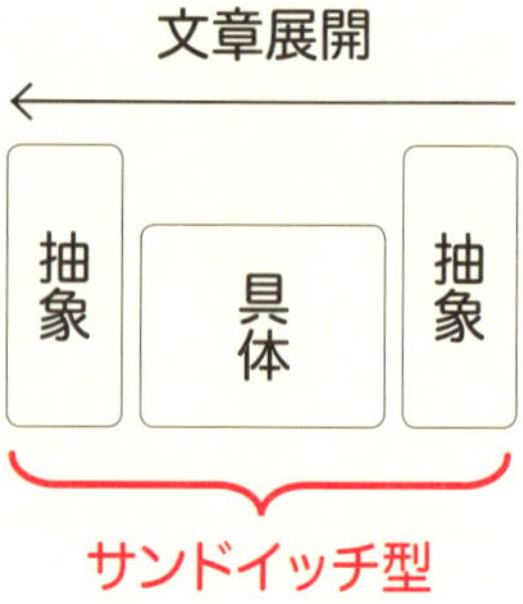

大まかに問題提起し、具体例を挙げ、最後にまとめる。これはいわば**「サンドイッチ型」**です。冒頭で挙げた例文もこの形になっているということにお気づきでしょうか。

もちろん、文章がいつも抽象的な内容から始まるとは限りませんが、その場合は最初から分かりやすい具体例があるということですから、心配いりません。

文章展開
←
抽象 具体 抽象
サンドイッチ型

ここまで、「抽象的な部分を読み飛ばす」話をしてきましたが、逆に「具体的な部分を読み飛ばす」ほうがよい場合もあります。それは、抽象的な主張を十分に理解できたときです。多くの文章の〝サンドイッチ〟は「抽象→具体→抽象→具体→…」というように重層的に繰り返されますから、2回目の具体例は（1回目と似たような内容であれば）あえて雑に読んでも問題はさほど生じないことが多いのです。

《ポイント》分かりやすい具体例が出てくるまでは、ななめ読みでもよい。

③

読むスピードを上げるには？
――速読の王道

うちの子は、とにかく読むのが遅いんです。

テストを受けても、空白ばかり。「できない」というより、「解いていない」「読んでいない」。

要するに、時間切れで白紙になってしまうらしいんです。

実は親である私も読むのが遅いので、途方に暮れています。どうしたものでしょうか？

＼こんなふうに声をかけてみましょう！／

「『違い』を見つけるつもりで読むといいんだよ」

ワンランク上の声かけ！

「説明的文章なら『違い』を、文学的文章なら『変化』を見つけるつもりで読むといいんだよ」

文章を速く読めるようになりたい。

これは、子どもから大人まで誰しもが持つ願いだと思います。

ただ、ひとくちに「文章を速く読める」と言っても、次の2つの意味があるということを、まず知っておくべきでしょう。

「文章を速く読める」には2つの意味がある

①「文字を速く追うことができる」
②「文章の意味を速く理解できる」

もちろん、①と②は関連しています。
①ができないと、②は難しいでしょう。
ただし、①ができたからといって②もできるというわけではありません。

目指すのはあくまで②だということを、忘れてはなりません。

①「文字を速く追うことができる」

私は、いわゆる速読術の類については懐疑的です。

たしかに、眼球をスピーディーに動かす訓練をするのは無駄ではないと思います。

しかし、読むのが苦手な子どもたちにとっての壁は、眼球運動の速さよりもまず、文字認識そのものにあります。つまり、次の2つです。

(1) かな・漢字が読めること

(2) かな・漢字のまとまりを言葉として認識し、意味をイメージできること

(2)は、要するに語彙力です。

(1)について。漢字練習というとどうしても書き取りをイメージしますね。しかし、漢字学習における優先順位は、**「まず読み、次に書き」**なのです。学習指導要領でも、たとえば5年生ならば、「5年生の漢字の読みと、4年生の漢字の書きができる」というのが、目標とされています。それで、漢字ドリルには必ず1学年下の字の復習ページがあるわけです。

漢字ドリルには、その漢字を用いた熟語がたくさん載っているはずです。大切なのは、そういう熟語レベルで読めるようにしておくことです。練習法としては、そういう熟語を漢字ノートにすべて写し、翌日や1週間後に読んでみる、といった方法がシンプルです。熟語を例文ごと写せば、語彙力強化にもつながります。

読みにおける眼球運動は、「停留（とどまること）」と「跳躍（移動すること）」からなります。たとえそれらが速くなっても、文字を読むことができ、文字のまとまりから意味をイメージできなければ、意味がないのです。

②「文章の意味を速く理解できる」

文章全体の意味の骨組みを速くつかむこと。これが、本来の意味での「速読」であると私は考えています。そのために不可欠なことは、２つあります。

（1）「違い」「変化」を意識して読むこと
（2）常識を持っていること

（1）は、次のような型で意識化できます。

【違い】説明的文章の骨組み……アはAだが、イはB　または　アはAではなくB

【変化】文学的文章の骨組み……Aだったアが、Bに変わった

（126、134ページも参照）

たとえば、「日本人は感情重視だが、西洋人は論理重視だ」「速報は今やテレビではなくインターネットから先に入る時代になった」（説明的文章）、「臆病だった豆太が、勇敢に変わった」（文学的文章）などとなります。文学的文章は変化前と変化後の「違い」を表現していると考えれば、結局「違い」だけ意識すればよいことになり、より単純になります。

なお、「アはAではなくB」のAはたいていの場合、**常識的価値観**（古い価値観）が入り、Bは**逆説的価値観**（新しい価値観）が入ります。ですから、（2）に示したように世間の常識を知っておくことが、意味の素早い把握につながるのです。広い社会にアンテナを伸ばしさまざまな知識を得ておくことが、子どもたちにも求められているわけです。

《ポイント》文章全体の意味を速く理解できることが、本来の速読である。

4

単に答えを書き写すだけでいいの？
――記述式のテスト直し

うちの子は、模試を受けたあと、うまく復習できていません。漢字くらいは、やり直しているのですが、読解問題――とくに記述問題となると、ほとんどほったらかしです。

実は親である私も、記述を教える自信がありません。そんな親子にもできるような効果的なテスト直しの方法は、ありませんか？

＼こんなふうに声をかけてみましょう！／

「記述問題の模範解答の文を、読点（、）のところで区切ってごらん」

ワンランク上の声かけ！

「記述問題の模範解答の文をパーツに分けて、型に当てはめてごらん」

テストには、必ず解答がついてきます。これを有効に活用できているでしょうか。

選択式ではもちろんのこと、記述設問（一般には記述問題と言いますが、正確さを期すため記述設問と書きます）の場合でも、「答えを書き写しておきなさい」という指示で終えてしまっているケースが多いのではないでしょうか。

もちろん、書き写すことだけでも、一定の価値はあります。しかし、書き写したからといって「書き方」すなわち「型」までが見えてくるわけではありません。

ここで、例を示しましょう。

①（本文抜粋）自分にたいした非もないのに、「すみません」や「ごめんなさい」を連発していると、「この人は早くラクになりたいだけなのでは」と、相手に不信感を与えてしまうことになりかねない。
（設問）——部「相手に不信感を与えてしまう」とありますが、なぜそう言えるのですか。

（解答）謝るという行為は、相手の気持ちを害さないようにするための行為、つまり相手のための行為ではなく、自分が責められたり嫌われたりするのを避けるための行為、つまり自分のための行為だから。

『"ふくしま式200字メソッド"で「書く力」は驚くほど伸びる!』(福嶋隆史著・大和出版)より

理由を問う設問と、その解答です。ここでチェックすべきは、あくまでも解答です。

この解答の型は、こうなっています。

[ア]は、[a]、つまり[A]ではなく、[b]、つまり[B]だから。

[ア]は　　　謝るという行為は、

[a]つまり　　相手の気持ちを害さないようにするための行為、つまり

[A]ではなく　　相手のための行為ではなく、

[b]つまり　　自分が責められたり嫌われたりするのを避けるための行為、つまり

[B]だから　　自分のための行為だから。

こうした「模範解答のパーツ分け」をする方法は、意外に簡単です。

多くの場合、読点（、）のところにスラッシュ（／）を入れていけばよいのです。

「謝るという行為は、／相手の気持ちを害さないようにするための行為、／つまり相手のための行為ではなく、／自分が責められたり嫌われたりするのを避けるための行為、／つまり自分のための行為だから」

すると解答文の骨組みも見えてきます。肉づけの「a」「b」をそぎ落としてみます。

ア は、 A ではなく、 B だから。

「謝るという行為は、相手のための行為ではなく、自分のための行為だから」

記述設問の模範解答は文が長いことが多いので、このように骨組みだけにすることが理解を助けます。これによって、「あ、なあんだ、そういうことか」と理解できます。と同時に——ここがカギなのですが——この型を次の模試の場でまねできるようになるわけです。

いやあ、そんなすぐには無理、という声も聞こえます。

それでも、こうした作業を繰り返すうちに、思いのほか同じような型が多用されていることに気づくようになりますから、だんだんと意識に定着していくようになるのです。

さて、ほかにも例を示しておきましょう（解答文のみ）。読点のところでスラッシュを入れ、区切りながら読んでみてください。

②（解答）何かを教える立場にいる人は、プラス・マイナスを判断して評価を下し、ほめたり叱ったりすることよりも、その根拠となる事実を見留めることを重視すべきである。

『ふくしま式「本当の国語力」が身につく問題集２〔小学生版〕』（福嶋隆史著・大和出版）より

これも、①と似たような型になります。

[ア]は、[A]よりも、[B]を重視すべきである。

この例では、「A」が「プラス・マイナスを判断して評価を下し、ほめたり叱ったりすること」であり、「B」が「その根拠となる事実を見留めること」となっており、前者のほうが長くなっています。こういうアンバランスさは、たとえ模範解答であっても避けられない部分です。そういうときは、「よりも」など、全体を支える接続語に注目します。「よりも」の前が「A」、あとが「B」。これで、型を見出すことができます。こうすることで、「A」の途中の読点は区切る必要のない部分だったことに気づくこともできます。

そして、物語ならば、最重要の型はこんなふうになります。

③（解答）大きな魚をこわがって逃げるだけだったスイミーが、小さな魚たちと力を合わせなければ乗り越えられない場面を体験することによって、大きな魚に勇気を出して立ち向かえるようになった話。

ご存じ、『スイミー』（レオ・レオニ）の要約文です。

A だった ア が、 C によって、 B になった話。

先にも述べましたが、文学的文章というのはこうした「変化」を描くものです。ゆえに、その変化をまとめる記述設問がよく出ます。まずは「A」と「B」を押さえます。そのあとで、変化の理由「C」を整理します。そういう手順も、「型」によって見えてくるのです。

最後に、最強の型をご紹介しておきます。

> ア は、 1 なため A である。
> しかし、 イ は 2 なため B である。
> だから、 ア よりも イ のほうが C であると言える。

これは、**「ふくしま式200字メソッド」**です（詳しくは①の設問の出典として示した本をお読みください）。先に示した型もすべて、この型から派生したものであると言えます。

ひとまずは、右の型の空欄を埋めながら作文を書いてみるとよいでしょう。

――ともあれ、模範解答をパーツで区切って整理することを繰り返せば、解答文が多くの場合こうした型と一致しているということに、気づけるようになるのです。


《ポイント》解答文から見出した「型」を、次のテストでまねしてみることを忘れずに。

5

なぜ間違いなのか説明できない！
――選択式のテスト直し

うちの子は、選択問題でよく点を落とします。5つある選択肢のうち、2つまではしぼり込めるみたいなのですが、その先で間違えます。

実は、親の私も、間違いとされている選択肢がなぜ間違いなのか説明できないことが多く、困っています。

何か、よいアドバイス方法はありませんか？

＼こんなふうに声をかけてみましょう！／

「選択肢をパーツに分けて、文の終わりを最初にチェックするようにしてごらん」

ワンランク上の声かけ！

「選択肢をパーツに分けて、文の終わりを最初にチェックするようにしてごらん。パーツとパーツの関係性にも目を向けるようにしてごらん」

こうした悩みの解決のためには、テスト直しの機会に選択式設問の構造をよく分析してみることが有益です。

ただ、ひとくちに選択式設問と言ってもいろいろあります。ここでは、接続語を選択して空欄に入れるような設問は除いて考えますが、それでも多様です。

語句を選ぶ形、文を選ぶ形。正答を選ぶ形、誤答を選ぶ形。1つだけ選ぶ形、2つ以上選ぶ形、「あるだけ」選ぶ形。それぞれの選択肢が意味的にどれも類似している。逆に、それぞれの選択肢が意味的にまったくバラバラで関連性がない——など、実に多様です。

ですから、選択式の解法というものをこの限られたページで説明するのは難しいことです（ぜひ『ふくしま式「国語の読解問題」に強くなる問題集〔小学生版〕』（福嶋隆史著・大和出版）をご利用ください。選択式の解法のみを取り上げた本です）。

そこで、最もよくあるパターンの選択式設問についてのみ、解説することにします。

それは、次のような問われ方をする場合です。

「——とありますが、それはどういうことですか」

「——とありますが、それは——とはどう違うのですか」

「——とありますが、それはなぜですか」

そして、その答えに当たる文が４つ～５つ並んでいる。こういう形式です。
その選択肢をパターン化すると、図のようになります。
そして、選択肢を見極める手順は、おおむね②～⑤のようになります（①は後述）。

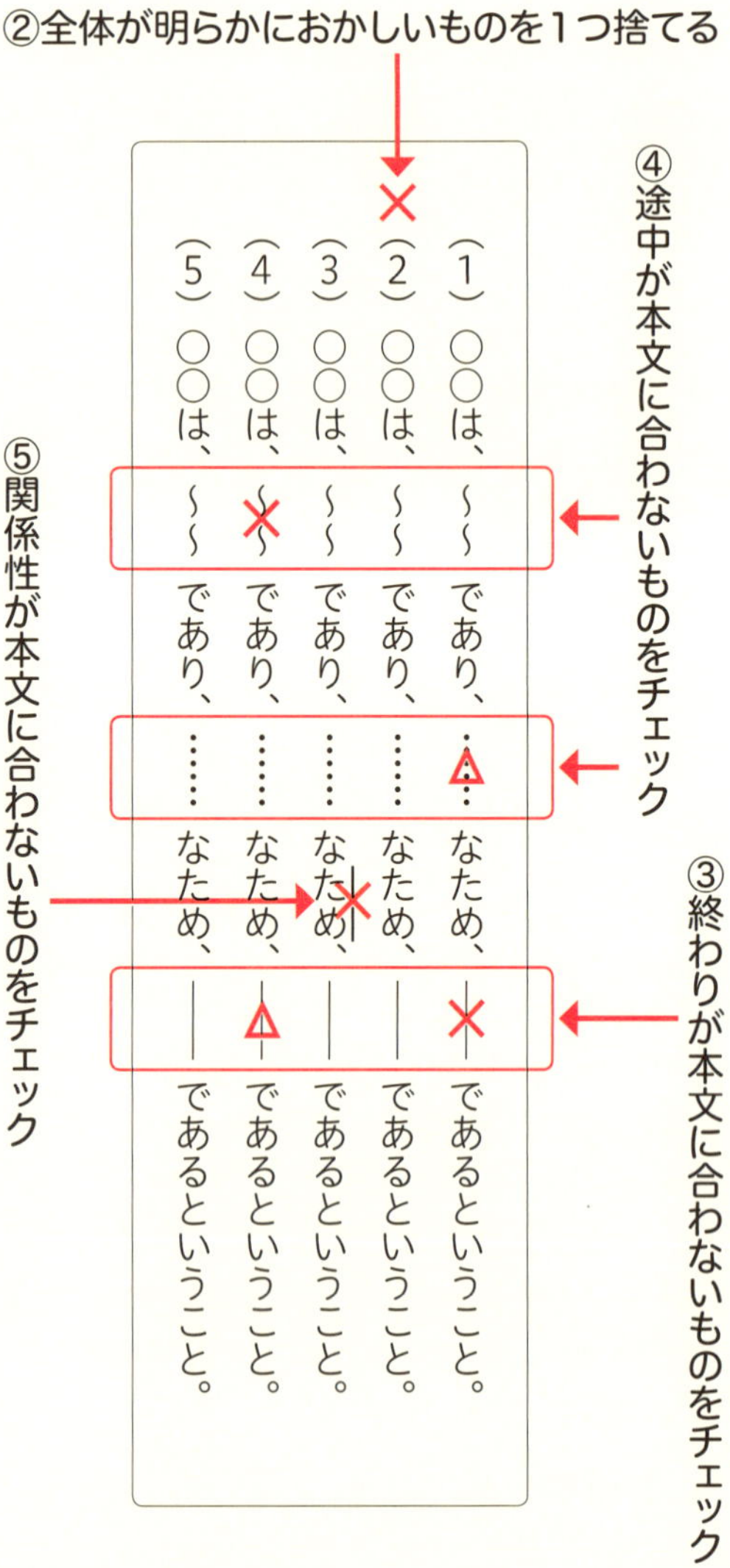

②全体が明らかにおかしいものを１つ捨てる
④途中が本文に合わないものをチェック
③終わりが本文に合わないものをチェック
⑤関係性が本文に合わないものをチェック

（1）○○は、～～であり、……なため、――であるということ。
（2）○○は、～～であり、……なため、――であるということ。
（3）○○は、～～であり、……なため、――であるということ。
（4）○○は、～～であり、……なため、――であるということ。
（5）○○は、～～であり、……なため、――であるということ。

これはあくまで選択肢どうしが類似した内容になっている場合ですが、選択肢どうしが意味的にバラバラであるケースよりはポピュラーであると言えます。

さて、順に説明します。

② まず、読んだだけでおかしいと思えるものが、たいていの場合1つは含まれています。それを消去します。

③ 日本語では通常、文の終わりのほう(述語・述部・文末)が文の意味を支えていますから、ここをチェックすることで、おかしな選択肢を消去するヒントが得られます。最も手っ取り早い選別方法は、この「文の終わり」のプラス・マイナスをチェックすることです。本文がプラスなら、選択肢の終わりもプラス。マイナスならマイナス。そういうことです。たとえば、本文に「首をうなだれて力なく座っていた」とあれば、選択肢の上では「失望」「がっかり」「やりきれなさ」などのマイナスの言葉で抽象化されるはずであり、「喜び」「希望」「確信」などのプラスの言葉で抽象化されることはないのです。

④ 文の終わりの次は、文の途中です。これも同様に、本文から読み取れる意味との整合性を確認します。もちろん、プラス・マイナスでチェックすることもできます。なお、「○○は」の部分(文の始め)で消去できるケースは、さほど多くはありません。

⑤　これが実は非常に見逃しやすいポイントです。「○○」も「〜〜」も「……」も「――」も、どれも文中に書かれている内容と同じだと思えても、実はそれらをつなぐ「関係性」だけが異なっているというケースです。とくに、「から・ので・ため」といった、因果関係です。本当に「……なため――である」と言えるのか、そう書いてあるのか？　関係性の正しさを見抜かないと、最後の「2択」で勝つことは難しくなります。

さて。では、選択式設問を解く際の手順の筆頭に来るべき①は、何なのでしょうか。それは、**「ズバリ方式」**です。「選択肢どうしをくらべる」などというまどろっこしいことはしません。まず選択肢を手で隠します。記述設問だと思って、自力で答えをイメージします。そのあとで初めて選択肢を見ます。そして、「あ、間違いなくこれだ」という答えをズバリ見つけたら、もうあとの選択肢は読みません。これが、本来は理想です。②〜⑤のようなステップを踏んでのチェックは、あくまでも念のためなのです。

《ポイント》　まずは自力で答えをイメージ。次に、選択肢の文の終わりをチェック。

6

いつも解答欄が空白なんだけど……
——記述式のテスト直し

うちの子は、記述答案をいつもいつも白紙にしてきます。記述が苦手だというのは親ゆずりの部分もあって共感はできるのですが、これでは受験に勝てません。そもそも、選択式だけで点数を取れたとしても、本質的な国語力がついているとは言えないと思います。どうアドバイスすべきでしょうか?

＼こんなふうに声をかけてみましょう！／

「記述のほうが、選択より点数を取りやすいんだよ」

ワンランク上の声かけ！

「自由度の高い記述から優先して書くといいよ」

私の塾の門をたたくお母さんお父さんには、「恥ずかしながら、わが子はいつも記述の答案が空白です」とおっしゃる方がかなりいます。

空白になってしまう子には、2つのタイプがあります。

タイプ1、書こうとしているが、書けない子。

タイプ2、最初から、書こうとしていない子。

記述は面倒。記述は難しそう。だから、記述は全部、とばしちゃえ。

そういう気持ちでテストに向かっているタイプ2の子が、世の中には一定数います。

会話をしてみると、その子がタイプ1か2かはだいたい分かります。

タイプ2の子には、私はこう言います。

「記述のほうが、選択より点数を取りやすいんだよ。選択式では、間違えたら0点。でも記述式では、完全な正解ではなくても、一部分に対して点数（途中点）を与えてくれることが多いんだよ。だから、選択で迷って時間をかけているくらいだったら、記述に時間をかけるほうが点数につながりやすいんだよ」

まずは、意識を変えてもらうわけです。

さらに、タイプ1の子には次のように言います。

「自由に書いていい問題って、あるでしょ？　まずは、そういう問題に時間をかけてごらん。記述問題の解答欄がマス目になっているときと、ただの箱（広い空欄）になっているときがあるでしょ？　マス目の場合は、決まった言葉が書かれているかどうかで点数が決まっちゃう。でも、ただの箱の場合は、そういう細かいチェックをしないことが多いから、たいていの場合、少しは途中点をもらえるんだよ」

解答欄が箱のケースにも2つの方向性があります。

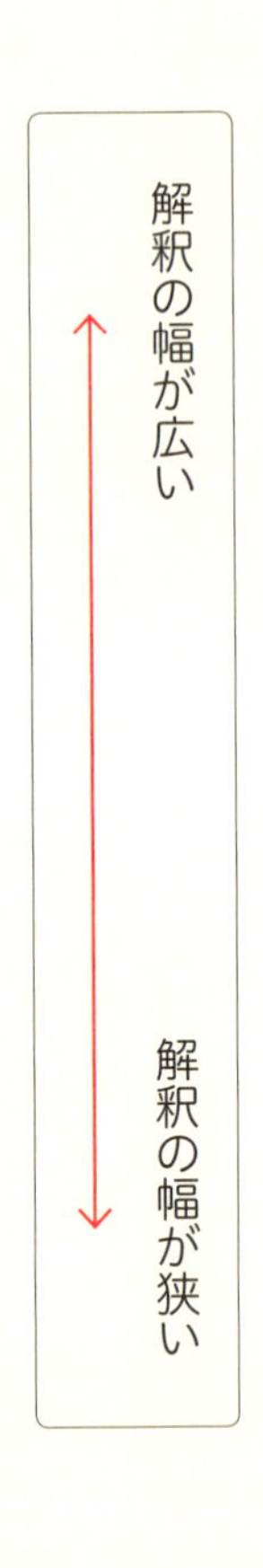

解釈の幅が広いというのは、**「自分の意見」**を書いてよい場合です。
問いの文に「あなたはどう考えますか」などと書かれていれば、これに該当します。
こういう問いの場合は、採点の幅もかなり広いため、自信がなくとも何か書けばたいていは途中点がもらえます。こういった問いで答案を空白にしてしまうのは、もったいないとしか言いようがありません。

「あなたは」という言葉がなくとも、「主人公がこのように行動したのは、なぜだと考えられますか」などとあれば、自由度は比較的高いと言えます。

大切なのは、次の2つの違いを知っておくことです。

①なぜですか

②なぜだと考えられますか

ポイントは、②の「考えられますか」です。

もし解釈の幅が狭いのであれば、出題者は、ズバリ「なぜですか」と問います。決まった唯一の答えがあると出題者が考えていることの表れです。

一方で、いくつかの答えがありうると出題者が判断している場合は、「考えられますか」と問うケースが多いのです。

こういった部分にも目を向ければ、途中点がもらいやすい問題を見抜くこともできるようになるでしょう。

なお、ひとくちに「記述式」と言ってもいろいろあります。数十字の文を自分で書くタイプの記述のみでなく、次のようなタイプも記述と言えば記述です。

●抜き出し式の設問

●あらかじめ作られた解釈文の中の（　　）を、短い字数で埋める設問

こうした設問は、解釈の幅が狭い問いであると言えます。

簡単そうに見えますが、意外と得点しづらいケースも多いので、要注意です。

もちろん、どれも正解したいものですが、いつも記述が空白になってしまうようなお子さんの場合、少なくとも「抜き出し式」はあとまわしにし、自由度の高い記述を優先するほうが無難です。抜き出しというのは、予想以上に時間がかかるわりに、答えの候補が複数見つかるなどして正解しづらいことが多いのです。

少しでも得点し自信をつけられるよう、解く優先順位を、考えていきましょう。

《ポイント》 問いの文の「考えられますすか」に注目。

7

なぜ、答えは埋まっているのに点数が低いの？
——記述式のテスト直し

うちの子は、記述答案を埋めることはできるんです。でも、一生懸命書いているわりに、点数が取れません。

おそらく、文がおかしいからだと思います。いわゆる「てにをは」の間違いに気づいていないみたいなんです。そういう問題を解決するには、どんな教え方がよいのでしょうか？

こんなふうに声をかけてみましょう！

「少し書くたびに、心の中で音読して、ちゃんと書けているか確かめたほうがいいよ」

ワンランク上の声かけ！

「長い文は、短い文の組み合わせなんだよ」

「ん？　この文、意味が分からないな」

こう思うしかないような文を、子どもたちはよく書きます。

いわば〝意味不明文〟です。これは、「が」を「を」に替えたり、「する」を「される」に替えたりするだけで意味がすんなり通じることがよくあります。

ただ、たいていの意味不明文ではそういう修正の選択肢が何とおりかあるため、読み手はそれを考えているうちに疲れてしまいます。その読み手が採点者であれば、あっという間に0点を食らう結果になります。

どこを直せばよいのかを一番早く分かるのは、書き手、つまり子ども本人です。なにしろ、書く段階で、伝えたい意味が浮かんでいたはずですから。伝えたかったその意味に合わせて、助詞を直すなどすればよいわけです。

そのために不可欠なこと。

それは、「書くたびに文を読み直す」ということです。

これ、当たり前のことなのですが、できていない子が非常に多いのです。単に「読み直しなさい」と指示するより、「心の中で音読しなさい」などと伝えたほうが効果的です。テスト中などでなければ、実際に声に出してもよいでしょう。声に出して読むと助詞を読み飛ばすわけにはいかないため、結果的に「あれ？　変だな」と気づくことができます。

意味不明文を生んでしまうもう1つの要因。それは、1文が長いということです。

どんな文章術の本にも、「1文は短くせよ」というアドバイスが載っています。

しかし残念なことに、読解問題の記述答案では、たとえ80字前後の長さであっても1文で書くことが暗黙のルールとなっており、子どもたちにはこれが壁になっています。

この壁を乗り越えるには、**「長い文は短い文の組み合わせにすぎない」**という意識を持たせることです。たとえば、「アはAだがイはBだ」は、「アはAだ」と「だがイはBだ」の2文の組み合わせです。また、「アは1なためAである」ならば、「アは1だ」と「だからアはAだ」の2文の組み合わせです。やはり、短い1文を作ることが優先なのです。

テストについてくる模範解答の文を、こんなふうに短い文に分離してみる。そして、再度それを組み立て直してみる。こんな練習が、有効です。ぜひお試しください。

《ポイント》　1文は短く書く。長い文は、それを組み合わせるだけ。

パート
3

子どもにどう教えたらいいの？

――作文・感想文・自由度の高い記述答案

自分の思いや考えを、すらすらとよどみなく文章に表すことのできる子に育ってほしい。

そんな理想像とは裏腹に、目の前のわが子の文章は、目も当てられないような状態。文も、中身も、あまりに未熟。

いや、嘆いていてもしかたない。

最初の一歩を、踏み出したい。

そして、ちょっとでも成長したわが子をほめる機会がほしい——。

このパート3を読み、実践すれば、それが可能になるはずです。

1

すぐに手が止まってしまう場合は?
——日記・作文

うちの子は、日記でも作文でも、題材を見つけるのが苦手です。「自由に書けばいいんだよ」と言っても、何を書いていいか分からないみたいで、数行書いては手を止めて、ぼんやりと考え込んでいます。ひどいときは白紙です。どうアドバイスすれば、手が動き出すんでしょうか?

こんなふうに声をかけてみましょう！

「短～い時間に起こったできごとについてだけ、書いてみてごらん」

ワンランク上の声かけ！

「時間や場所を限定して書いてみてごらん」

「音だけ、においだけ、味だけ、手ざわりだけで書いてみてごらん」

まず、心得ていただきたいことがあります。
それは、「自由に書けばいいのに」という言い方は、全くの逆効果だということです。

子どもは、自由に書けと言われるほど、自由に書けなくなります。

もっと、口をはさんでよいのです。積極的に、知恵を与えましょう。
ただし、与えるのは〈**枠組み**〉だけです。
実例を示しましょう。まずは、日記から。

① 〈よくない例〉
今日は夏休みの三日目です。朝起きて、朝ごはんを食べました。犬のポチも一緒に食べました。そのあと、宿題をやりました。算数の計算問題をやりました。そのあと、お昼ごはんを食べに、お母さんと弟と一緒に寿司屋に行きました。帰ったあと、二時ごろ、公園で友だちとバドミントンをしました。マミちゃんはシャトルを打ち返すのがすごく速くてびっくりしました。でも、初めて二〇回続きました。夕方は家族で線

香花火をしました。そのあと、夜ごはんを食べて、寝ました。

②〈よい例〉

今日は、二時ごろ、マミちゃんとバドミントンをしました。私は、シャトルをふんわりと空中に投げ上げました。シャトルは、私のラケットの真ん中に当たって、思ったとおりの場所に飛んでいきました。いつもは失敗するので、気持ちよかったです。でも、マミちゃんがものすごいスピードで打ち返したので、私はびっくりしてよけてしまいました。

「もうちょっと、ふんわり打ち返してよー、そうすればたくさん続くよ」

「あ、ごめん、そうだね」

マミちゃんは、そのあとはふんわり打ち返してくれました。おかげでだんだん続くようになって、初めて二〇回までいきました。

その間ほとんど上のほうを見ていたので、夏の日差しがまぶしくて、暑くて、大変でした。でも、こんなに続いたのは初めてだったので、夏休みの思い出になった気がします。

さて、①と②の決定的な違いは、どこにあるのでしょうか？　もうお気づきでしょう。
①は、「1日のできごと全体」について書いています。
②は、「2時ごろのほんの数分のできごと」について書いています。
①は、長い時間に起きたことを、時間順に羅列しているだけです。
②は、短い時間に起きたことを、具体的に書いています。
こうした内容にするための声かけは、簡単です。

「短〜い時間に起こったできごとについてだけ、書いてみてごらん」

数分。できれば1分。もっと言えば数秒。ですから、「短い」でなく「短〜い」です。

数秒のできごとについてだけで400字くらい書けるようになれば、本物です。

そうやって〈枠組み〉を限定すれば、おのずと細かい描写や会話文などが入るようになり、具体的になるのです。
①のような日記が多い場合は、**「この中で一番心に残っていたことはどれ？」**と聞いてみましょう。①の場合、感情が描写されているのはバドミントンの場面だけですから、おそらくそれが一番心に残ったできごとなのでしょう。そして、こう言います。
「バドミントンでシャトルを打ち合っていた数分間のことにしぼって、それだけで日記帳

の1ページを埋めてごらん」

こうして、「時間」を限定する。

これが、最も幅広く使える**「限定の技術」**です。

次に有効なのは、「空間」すなわち場所を限定することです。ぜひ、試してみてください。

なお、こうした限定の技術は、日記のみならず、遠足・運動会・球技大会・文化祭等々のイベントの際に課せられる「行事作文」においても、全く同じように役立ちます。

そして、もう1つ。

「五感」のいずれかに限定する方法があります。

五感と言えば、「視覚・聴覚・嗅覚・味覚・触覚」です。まずは、これを覚えさせます。難しいときは、「目・耳・鼻・口（舌）・手（皮膚）」という五官（五つの器官）で覚えさせましょう。目で見たこと。耳で聞いたこと。鼻でかいだこと。口（舌）で味わったこと。手（皮膚）で感じたこと。これらのいずれか、またはいくつかに限定するわけです。

具体的には、こんなふうに声かけすることになるでしょう。

「音だけ、においだけ、味だけ、手ざわりだけで書いてみてごらん」

なぜ視覚がないんだ、とお思いでしょうか？　実は視覚は、人間が最も頼っている感覚であるため、視覚に限定したとしてもまだまだ限定が足りず、結局は拡散した内容になってしまうのです。そこで、あえて視覚は閉ざします。

さて、実例で示しましょう。

③〈よくない例〉

視覚だけ……座っているぼくの目の前を、リレーの選手たちが次々と走って行きました。

④〈よい例〉

（1）聴覚だけ……リレーの選手たちが走り抜けたときのザザザザッという砂の音が、今でも耳に残っています。

（2）嗅覚だけ……リレーの選手たちが走り抜けたときの砂ぼこりのにおいが、今でも鼻の奥に残っています。

（3）味覚だけ……たくさん練習してきたダンスの本番が終わったあとに飲んだ水筒の水は、ジュースよりも甘く、おいしく感じられました。

（4）触覚だけ……たくさん練習してきたダンスの本番が終わったあとに靴の中から出てきた砂はザラザラしていたけど、気持ちはすっきり、さわやかでした。

いかがでしょうか。こんな工夫だけで、簡単に独創性が生まれます。

限定するというのは制約を与えることであり、一見すると不自由になると思いがちですが、実はその逆の効果を発揮します。

私たちが同時に考えることのできる対象は、もともと限られています。誰であれ、朝のことと昼のことと夜のことを同時に考えることはできません。ところが、「自由に書け」と言われると、それらすべてが頭の中で流れ出すので、選択肢が多すぎて身動きが取れなくなるわけです。選択肢を減らし選びやすくする工夫。それが、時間・空間・五感などの〈枠組み〉を与えるということなのです。

そもそも、限定はスリリングです。いわば、ルールのあるゲームです。それが子どもたちの意欲を引き出せるのは、言うまでもないことなのです。

《ポイント》自由を限定すればこそ、子どもの思考は自由になる。

2

文章にオリジナリティを持たせるには？
——自由度の高い記述答案

うちの子が書く文章は、オリジナリティがありません。誰でも書きそうなことを、誰でも書きそうな書き方で、だらだらと書いています。志望校の入試問題では、「あなた自身の考えを書きなさい」というタイプの課題が最後に出てきます。他の子と差をつけるために、何かできることはないでしょうか？

こんなふうに声をかけてみましょう！

「いい天気の日に、誰かにとってはいやな天気なんじゃないか、と考えてみてごらん」

ワンランク上の声かけ！

「常識を疑ってみる姿勢が大切。思い切って、逆説化して書いてごらん」

書く力の重要性が叫ばれる昨今。

単なる読解、すなわち筆者・作者の文章を整理して言いかえる「再構成」の作業のみならず、その文章をきっかけにして受験生が独自の発想をふくらませ、それを文章として「構成」することを求めるタイプのテストが、増え続けています。

簡単に言えば、独創性のテストです。

独創性が高いというのは、どういうことでしょうか?

それは、多くの他人と違っているということです。

では、どうすれば他人の答えと差別化できるのでしょうか?

簡単です。

常識とは違う考えをすればよいのです。

例を見てみましょう。

①雲ひとつない青空が続く、ある日。「今日も、ほんとにいい天気だね」。

②雲ひとつない青空が続く、ある日。「農家の人にとってはいやな天気かもね」。

③天気予報がはずれ、雨が降ってきた午後。「最低の天気だね」。
④天気予報がはずれ、雨が降ってきた午後。「タクシーの運転手には、最高の天気だね」。

②・④のように考えることができる子が、独自性のある子です。

そうです。ちょっと「ひねくれ者」になればよいわけです。

より正確に言えば、本当にひねくれ者になるのではなく、「素直」と「ひねくれ」を、意図的に選択できるようになればよいのです。

「ひねくれる」とは、すなわち**「逆説化」**することです。

これは、さほど難しいことではありません。手順は、こうです。

〈1〉まず、結論を逆にしてしまう。
〈2〉次に、結論を支える理由を考える。

読解問題の設問が8つあるとして、その8つ目、つまり最後の問いで次のような問いが与えられる。中学入試等でよく見られるパターンです。

「――部で筆者は、『なにごとも、まず自分の頭で考えることが大事だ』と書いていますが、これについてあなたはどう思いますか。あなた自身の具体的な体験を挙げながら、あなたの意見を述べなさい」

おそらくほとんどの受験生は、筆者に賛同することでしょう。素直に。

しかしそれは、独自性を発揮するチャンスをみすみす捨てているようなものです。

そこで、まずは、〈1〉結論を逆にします。

「私は、筆者の意見に反対だ。いつもいつも自分の頭にばかり頼っているのはよくない」

次に、〈2〉理由を考えます。

「以前、バスケットボールをしていて指を痛めたとき、きっと大丈夫だろうと自分の頭で考えて放っておいたら、実は骨折していたということがあった。もっと早く、医者つまり他人の知識に頼っていれば、治るのに時間がかからずにすんだはずだ。自分の知識はまだまだ少ない。他人の知識に助けられたり、他人から学んだりする経験を積むほうが、結局は自分の知識も広がるはずだと思う」

――と、ここまで整った内容でなくとも、一定の妥当性ある理由をつくるのは、さほど難解なことではありません。

大事なのは、〈1〉〈2〉の順序を逆にしないことです。逆にすると、とたんに難しく感じるようになります。あとづけの理由、いわば「こじつけ」でよいのです。こじつけを何度も考えているうちに、もっともらしい理由が浮かぶようになっていきます。

そして、欠かせないのは、日ごろから**「何が常識なのか」**を意識しておくことです。

ここで言う常識とは、現代の大人たちが「こうあるべきだ」と考えている方向性のことです。それは多くの場合、反対語・否定表現で説明できます。例を示しておきましょう。

入試によく出る！　現代の大人たちの〈常識〉例

①「他人」より「自分」

「他人」に頼らず「自分」で考えよ。「他人」から言われるまで待つのではなく、「自分」から動け。「受動的」でなく「能動的」であれ。「他人」のまねをするのではなく、「自分」で生み出せ。「模倣」より「独創」を重視せよ。

②「みんな同じ」より「みんな違う」

「みんなと同じでなければならない」という発想を捨て、「みんなと違っていてもよい、違っているほうがよい」という発想を持て。「一様性」より「多様性」を重視せよ。「没個性」より「個性」がよい。

③「デジタル」より「アナログ」

人間どうしが「切れて」いる「デジタル」の世界よりも、人間どうしが「つながって」いる「アナログ」の世界を大事にせよ。「数値化できる」ものではなく、「数値化できない」ものを大事にせよ。

④「人工」より「自然」

「人が手を加えている」ものより、「加えていない」もののほうが美しい。「人為」より「自然」を重視せよ。「自然破壊」より「自然保護」。

⑤「物」より「心」

「物が豊か」であることより、「心が豊か」であることが大切だ。「物質的」価値より「精神的」価値を重視せよ。「形ある」ものより、「形なき」ものを大事にせよ。「外側」より「内側」が大切だ。

さて、これらをすべて、逆説化してみてください。そして、理由づけをするのです。

①については、先ほど例を示しました。

②を逆にした場合、その理由に用いる例は、たとえばこんな感じになります。

「みんなが同じ距離を走るからこそ、得意・不得意という個性が分かる。違いを重視するあまり、もし個々に好き勝手な距離を走ったら、速いのか遅いのか分からず、結局は個性が見えない。みんなが同じ基準で試すからこそ、みんなの違いが分かるのではないか」

⑤ならば、こんな感じでしょう。

「感謝の気持ちがいくらあっても、気持ちには形がなく、見えない。それを贈り物という形に乗せて相手に届けるからこそ、気持ちが相手に伝わるのではないか。友だちに謝るときも、ごめんなさい、という形ある言葉に乗せて伝えるからこそ伝わるのではないか」

③・④は、⑤とだいぶ関連性があります。お子さんと一緒に、考えてみましょう。

なお、こうした逆説的な文例は、『ふくしま式「本当の語彙力」が身につく問題集［小学生版］』（福嶋隆史著・大和出版）に多々掲載しています。ぜひ参考にしてください。

《ポイント》　まず、逆説化する。次に、理由を考える。

3

決められた字数を守らせるには？
——記述答案・作文

うちの子は、記述答案でも作文でも、決められた字数や枚数をなかなか守れません。字数オーバーしたり、字数不足になったりを繰り返しています。決められた字数、決められた分量で文や文章を書くためのコツのようなものは、ないのでしょうか？

＼こんなふうに声をかけてみましょう！／

「まず、文章の設計図を作るんだよ」

ワンランク上の声かけ！

「まず、文章全体の型をイメージするんだよ」

文章の長さを調節する方法は、端的に言って2つあります。

①長く書いてから、短くする。
②短く書いてから、長くする。

さて、どちらがラクでしょうか？

ある程度の書く経験を積んでいれば、答えは簡単。②のほうがラクです。

長く書いてから削るとなると、どこを削ればよいかで迷ってしまうことが多々あります。そもそも、せっかく書いたものを削るというのは、労力の無駄です。

②のほうが、断然、労力の節約になります。

にもかかわらず、①をせっせと実行している子どもに、よく出会います。

たとえば、読解問題の記述設問で「50字以内」と指定された際、問題用紙の余白などに100字程度の長さの文を書き、一部を線で消して80字にし、さらに一部を消した上で今度は一部を書き加えて65字にし、……といったプロセスを延々行っているような子です。一生懸命さは伝わりますが、圧倒的な時間のロスですね。

先の②「短く書いてから、長くする」というのは、別の言い方をすればこうなります。

骨組みを先に作り、あとから肉づけする。

骨と肉、どちらを優先的に鍛えるべきかと言えば、もちろん骨のほうです。そこで、骨組みの作り方について、例をもとにして解説します。

「文」レベルの骨組みを作る

読解問題の記述設問では、多くの場合、「1文」で答えを作るのが暗黙のルールになっています。

1文で答える際、求められている字数に応じて「パーツ」の数の見当をつけることができるかどうかが、〃勝敗〃を分けます。

たとえば、次の文が正解だとします(84ページの文を利用)。

【何かを教える立場にいる人は、プラス・マイナスを判断して評価を下し、ほめたり叱っ

たりすることよりも、その根拠となる事実を見留めることを重視すべきである。】（75字）

問いは、「本文の主張を75字以内で説明せよ」だとします。

この時点で、次のように考えるのです。

「75字か。じゃあだいたい、3パーツだな」

1文がどんなに長くても、分解すればそれは短い要素の集まりにすぎません。

ここで言う要素とは、「主語（主題）＋述語」「修飾語＋被修飾語」など、一定の意味を持った言葉のまとまりのことであり、これを私は「パーツ」と呼んでいます。

1パーツは、たいてい20〜30字（真ん中をとれば25字）になると思ってよいでしょう。

これをもとに、概算するわけです。算数が得意であればすぐに分かることですが、一応、表にしておきましょう。

指定された字数が「25字」前後　→　1パーツ（25×1）
指定された字数が「50字」前後　→　2パーツ（25×2）
指定された字数が「75字」前後　→　3パーツ（25×3）
指定された字数が「100字」前後　→　4パーツ（25×4）

こんなイメージです。

先の例のように、「本文の主張を75字以内で説明せよ」などと言われたら、まずは、ざっと「3パーツ」を意識します。

次に、解答文全体の型をイメージします。

説明文の骨組みは、大きく分けて2つ（アはAだが、イはBまたはアはAではなくB）でしたね（78ページ参照）。文章の中で、日本と西洋のように2種類のものごとを対比している場合は前者、1種類のテーマについて2種類の解釈を述べながら対比している場合は後者です。このあたりは、文章全体を読めば、比較的容易に選別できます。

今回の題材文（本文）は後者の展開だったと仮定します。

そこで、次の型をイメージします（「ではなく」と「よりも」は、題材文に即して変えます）。

ア は、 A よりも、 B 。

パーツ「ア」、パーツ「A」、パーツ「B」で、3パーツ。

それぞれ、ざっと25字になるはずだ、と考えます。ただし、まずは、次のような字数にとどめながら準備します（問題用紙の余白、または頭の中にメモします）——あくまでも、短く。

骨組み

何かを教える立場にいる人は、　14字
ほめたり叱ったりすることよりも、　12字（——部）
事実を見留めることを重視すべきである。　9字（——部）

これが骨組みです（合計35字）。そこに、字数の許す限り肉づけをしていきます。

肉づけ

何かを教える立場にいる人は、　14字
プラス・マイナスを判断して評価を下し、ほめたり叱ったりすることよりも、　31字（　部・——部）
その根拠となる事実を見留めることを重視すべきである。　16字（　部・——部）

パーツAとパーツBは、それぞれ「31字」と「16字」になりました。

理想はそれぞれ均等に25字になることですが、相手は数式ではなく文章ですから、内容に応じて多少バランスが崩れるのは当たり前のことです。

それでも、合計すれば47字であり、ほぼ25字の2倍になっています。

「文章」レベルの骨組みを作る

次は、いわゆる作文など、長い文章を書く場合の骨組みについてです。

作文では一般に、「原稿用紙3枚以上で書きなさい」などと、枚数で指定されます。

この場合も、字数で指定されたときと同様、まず骨組みを意識します。

いわば、文章全体の設計図を作るということです。

綿密には、「ふくしま式200字メソッド」(86ページ参照)に基づく手法が最適なのですが、それは200字メソッドの本の中で詳しく述べていますので、今回は少し違った角度から説明します。

文章の内容構成というのは、見方によっていくつもの整理法があります。

「根拠と結論」「事実と意見」「具体と抽象」(72ページ参照)など、シンプルな整理もできますし、次に示すように少し複雑な整理もできます。

日記や行事作文などよりも少し説明的な文章（意見文）を書く場合の設計図を、示しておきましょう。「原稿用紙3枚以上（3枚半）」の想定です。

▼原稿用紙の枚数

①	自分の意見（最も言いたいことをズバリ書く）	0・5枚（200字前後）
②	その理由（抽象的に＝大まかに）	0・5枚（200字前後）
③	他人の意見（自分と異なる意見の紹介）	0・5枚（200字前後）
④	それに対する自分の反論および理由（具体的に＝細かく）	1・5枚（600字前後）
⑤	自分の意見（あらためて、まとめる）	0・5枚（200字前後）

とりわけ首都圏で人気が高まっている公立中高一貫校の適性検査などでは、意見文を要

求されることも多いですから、こうした設計図が有効になるものと思われます。

今の例は原稿用紙3枚半（1400字）の想定でしたが、もし全体を500字以内に収めるならば、それぞれのパーツを3分の1ほどの長さにすればよいでしょう。あるいは、②を省いて④に吸収させる、⑤を短くするなど、いろいろな手があります。

ただし、③・④はなるべく省かないようにします。この型の有益な点は、自分の意見と他人の意見をくらべているという点だからです。

どんな文章であれ、この**「くらべる」**という意識を持つだけでも、大きく変わります。

自分と他人、すなわち「自他の観点」のみでなく、きのうと今日、1年前と1年後、春と秋などといった「時間の観点」、あの地方とこの地方、あの国とこの国などといった「空間の観点」、何のために、どうやって、といった「目的・手段の観点」など、さまざまな観点――107ページではこれを〈枠組み〉と呼びました――を意識し、くらべることで、文章は大きくレベルアップさせることができるのです。

《ポイント》いきなり書き始めてはダメ。まず、骨組み＝設計図を考える。

4 どうにも教え方が分からない！
――読書感想文

うちの子は、読書感想文が苦手です。恥ずかしながら、本を順にめくって部分的に抜き書きしているだけで、あらすじとさえ呼べない切り貼り文章を書いています。読書感想文は私自身も苦手だったので、毎年、夏になると途方に暮れてしまいます。今後毎年困らずにすむような、骨太な書き方はないものでしょうか？

＼こんなふうに声をかけてみましょう！／

「読書感想文というのは、本を閉じて書くものなんだよ」

ワンランク上の声かけ！

「まず物語をまとめてから、そこに自分の物語を重ね合わせていくんだよ」

私は、夏休みの読書感想文という〝文化〟が教育界からなくなることを願っています。

夏休み、「感想文のために読書をする」というのは、多くの子どもにとって読書の楽しみを半減させるだけです。

「読書のために読書をする」という原点に、そろそろ立ち返るべきです。

夏休みの読書というのは、精読よりも多読に比重を置くべきであり、感想文というのはそれを阻害する要因でしかありません。

とはいえ、まだその〝文化〟が存在する以上、ただ拒否しているのではなく、乗り越える必要があります。

そこで、まず、「読書感想文の4つのレベル」を提示します。

《読書感想文の4つのレベル》

①本の部分的な抜き書き・切り貼り。あらすじにすら、なっていない。
②かろうじて、あらすじのような文章にはなっている。
③あらすじではなく、解釈が加わっている。「読解」のレベル。
④解釈だけでなく、自分の思い・考えが書かれている。「読解＋作文」のレベル。

読書感想文が求めているのは、言うまでもなく④です。

ただ、多くの方は③を無視してよいと思っているのではないでしょうか。

感想文を書くにも、まずは読解する必要があるのです。

ただし、いわゆる読解問題のように、あらかじめ決められた設問がありませんから、どうしたらよいのか困ってしまうでしょう。

そこで、先に述べた次の型を思い出してください（78ページ参照）。

【違い】説明的文章の骨組み……アはAだが、イはB　または　アはAではなくB
【変化】文学的文章の骨組み……Aだったアが、Bに変わった

感想文では、とくに文学的文章（物語文）を題材にすることが多いでしょうから、ここでは後者のみを扱います。

ある物語を読んだら、その全体をとおして主人公がどのような「変化」を遂げたのかを、考えてみるのです。

このときに大切なことは、いちいち本をめくりながら考えないということです。

まして、書く段階になってもまだ本をめくっているというのは、おすすめできません。あらすじとも言えないような抜き書きになるのを防ぐための手っ取り早い方法。

それは、本を閉じるということです。

物語に引き込まれながら全体を読んだのであれば、大まかな主人公の変化については記憶に残っているはずであり、本を開く必要はありません。

細かなセリフや描写をいったん忘れ、大まかな変化の記憶をもとにして考えるからこそ、あとで「自分」に引き寄せることができるのです。

たとえば、『スイミー』(レオ・レオニ)という有名なお話を、次のように「読解」したとします(85ページでも提示しました)。

「大きな魚をこわがって逃げるだけだったスイミーが、小さな魚たちで力を合わせなければ乗り越えられないような場面を体験することによって、勇気を持って立ち向かえるようになった話」

そこで、こう考えます。

「最初は臆病だったけど、みんなで力を合わせて、大きなことを乗り越えたような体験が、自分にもなかったかな？」

学校でのできごとでもよいですし、スポーツ等々の習いごとでもよいでしょう。きっと、そういう体験があるはずです。

そして、スイミーのお話と自分の体験との共通点を、書いていくわけです。

まず物語をまとめてみる（読解）。
そこに自分の物語を重ね合わせていく（作文）。

これが、読書感想文の書き方の王道です。

ところで、もしスイミーのような体験をしたことがないのであれば、未来を想像して書けばよいでしょう。自分の夢をかなえる途中で、きっとそういうことがあるはずだから、スイミーにならって乗り越えたい、と展開するわけです。

ぜひ、試してみてください。

《ポイント》まず主人公の「変化」を読み取る。それを自分の「変化」に置きかえる。

5

書き出しが「ぼくは」ばっかり！
——表現の工夫

うちの子は、作文や日記が好きだと言います。たしかに、なめらかにたくさん書けるんです。でも、同じような表現の繰り返しで、読んでいて疲れます。たとえば、文の出だしは「ぼくは」ばっかり。こういう悪い癖をなくして、オリジナリティのある文に変身させるためのテクニックなどは、ありませんか？

＼こんなふうに声をかけてみましょう！／

「主語を無生物にすると、面白い文になるよ」

ワンランク上の声かけ！

「気持ちは書かず、描写で伝えるんだよ」

書くのが好きだという子は、一定数います。そして、たしかに、なめらかに書けるのです。しかし、その質はと言えば、話は別です。

文章の質というのは、あらく言って2とおりあります。

1つは、全体の構成がうまくできているかどうか。

もう1つは、細部表現のクオリティが高いかどうか。

ここでは、後者について述べます。

さて、細部表現と言えば、まずつまずくのが文の出だしです。

日記でも行事作文（遠足や運動会等のあとに書く作文）でも、実に多いのが、「ぼくは」「私は」という出だしです。

とりあえず「ぼくは」「私は」を書いてから、じーっと考える子もいます。

もちろん、「兄は〜。でも、ぼくは〜」とくらべる場合など、「ぼくは」と書き出すしかないこともありますから、そのすべてを否定するわけではありません。

が、やはりなるべくなら避けたい出だしです。なにしろ、ほとんどの行為はその主体が「ぼく」「私」すなわち自己であり、それは分かりきっているのですから。

そこで、次のような方法をおすすめします。

主語を、無生物にする。

1つ、例を示します。

①A「ぼくは電車に乗って、隣町へ行った」
①B「電車がぼくを乗せて、隣町へと動き出した」

Aの主語※は「ぼく」、Bの主語は「電車」です（※本来は「主題」と書くべきですが、学校文法に合わせて「主語」と書いています。57ページも参照）。

明らかに、Bのほうが表現豊かに感じられます。

では、練習問題です。次のそれぞれの文の主語を、無生物に替えてみましょう。

②A「ぼくは、カレーライスが好きだ」
③A「私は、満月をじーっと眺めていた」

さて、いかがでしょうか。たとえば、次のようになります。

②B「カレーライスは、ぼくの大好物だ」
③B「満月が、じーっと私を眺めていた」

②など、実に簡単なことですね。
③は、いわゆる擬人法（人でないものを人にたとえる方法）です。
もちろん、伝えたいメッセージによっては、「ぼくは」「私は」で書いたほうがよい場合もあるでしょう。

大切なのは、選択肢を持つことです。ここでは、「ぼくは」「私は」のパターンがいいかな？　それとも、無生物のパターンがいいかな？　と、選べるようにすることです。

さて、細部表現のクオリティを高める方法を、もう1つ述べておきます。


説明ではなく、描写で伝える。

これも例で示します。

④Ａ「父は、単身赴任できのうから出かけてしまっており、家にいない」

④Ｂ「父の部屋は、きのうから空っぽだ。単身赴任なのだ」

④Ｂも主語を無生物にしていますが、それだけではなく、「父が家にいない」という情報を、言葉でくどくど説明することなく、描写（映像）によって端的に表現しています。

映像（視覚）のみでなく、音（聴覚）、におい（嗅覚）など、五感を用いて事実を描き出そうとすることが、肝心です（五感については110ページも参照）。

こうした例は挙げればきりがありません。

物語文などを読んでいると、こうした「描写」は数限りなく出てきますから、読みながら学び、まねしてみるとよいでしょう。

《ポイント》「この表現、もっとよくなるかも？」と立ち止まるのがスタートライン。

6 コンクールで受賞する・しないの基準は？
――作文の評価

作文コンクールに挑戦する娘が、受賞作品集を読んで、「どうしてこの作品が選ばれたのかな」と質問してきました。たしかに、表現力は今ひとつです。ただ、特別な体験談が書かれていたので、それで選ばれたのでしょう。

でも、その選び方でいいのでしょうか？

作文コンクールの目的は何なのか、疑問です。

こんなふうに声をかけてみましょう!

「何を、どう表現するか。
両方が大切なんだよ」

ワンランク上の声かけ!

「文章の内容と形式。
両方が大切なんだよ」

ひとくちに作文コンクールと言っても、多様な主催者（主催団体）があります。

それぞれの主催者が求める「内容」に合った文章が選ばれるというのは、当然のことだと思わなければなりません。

純粋な意味での「表現力コンクール」というのは、ほとんど存在しないと言ってよいでしょう。

ここで言う表現力とは、アウトプットの際、言葉を正確かつ効果的に用いる能力を意味します。それはつまり、言葉という**「形式」**の操作能力です。

作文コンクールというのは、本来はこの形式を重視したものであるべきです。

とはいえ、子どもが書く文章ですから、形式が完全に整っているなどということはそもそもあり得ません。

内容的価値が高ければ、表現形式が多少乱れていても、よしとする。むしろ、内容にこそ比重を置くべきだ――それが、多くの作文コンクールの方向性なのだと言えるでしょう。

では、いったいどんな内容が求められているのか。

その答えは、**「対比的変化」**にあります（78ページ参照）。

さまざまな物語において、主人公は対比的に変化します。

落ち込んでいたが、元気になった。

疎遠だった家族と、近づくことができた。

大きな喪失から、立ち直った。

こうした、**「マイナスからプラスへの対比的変化」**が描かれていると、読み手は感動します。

ただし、あまりに大きな変化だとリアリティが失われ、読み手の共感の度合いは落ちます。変化は、小さめのほうがリアルです。

たとえば、「激しくののしり合うような口げんかをした相手と、翌日にすっきり仲良くなった」などという話よりも、「激しくののしり合うような口げんかをした相手と、1週間後にようやく目が合うようになった」などという話のほうが、リアルだということです。

また、作文コンクールの受賞作を読んでいると、親族が亡くなったとか、兄弟姉妹に何らかの障害があるとか、乗り越えるべき壁の存在がはっきりしている場合が多く見受けられます（冒頭の質問にある「特別な体験談」です）。

そういった壁を完全に越えるのは難しいことです。

大きな壁を、少しだけ崩した。少しだけ、光が見えた。

そういう「内容」が、読み手の共感を呼ぶのです。


大きな壁がないのであれば、それはそれでけっこうなことです。

その場合は、たとえば次のように考えましょう。


当たり前の日常の中に、何か新しいものを発見しよう。


これも、小さな変化の1つです。

ここでも、観点の意識（130ページ参照）が大切です。

たとえば、空間の観点。

駅前など、人が多いために「目の前」ばかり見ることになってしまう場所があります。

そこであえて立ち止まり、「上」を見てみる。あるいは、「遠く」を見てみる。すると、「あんな場所に看板があったんだ」とか、「ここから、あの建物が見えてたんだ」とか、今まで気づかなかったものが目に入ってくる。

日常の中に新しいものが見えたとき、それは非日常に変化します。

そういった小さな変化をとらえ、文章化すること。

これも、読み手に共感される**「内容」**を生み出すための工夫だと言えます。


ちなみに、形式と内容は反対語です。

文章というものは、言葉という形式が整っていなければ、その意味内容を読み手に伝えることはできません。作文指導とは本来、この形式を操作する能力を高めるために行うものです。**「どう書くか」**が、第一なのです。

しかし、作文コンクールなどは、それに加えて、**「何を書くか」**すなわち内容を重視します。それは、ハイレベルな要求です。もしそれに挑もうとするのであれば、形式も内容も、どちらも重視しなければならない。そういうことなのです。


《ポイント》 小さな変化を見つけよう。それが、内容の評価につながる。

パート
4

あらためて「国語の本質」って何？

――子どもに「正しく教える」ために

教育にまつわる情報が、あふれている。

本、雑誌、新聞、テレビ、インターネット。

いろいろな意見が目に入ってくる。

どれも、なるほどなあ、と思ってしまうものばかりだ。

でも、相反する意見も、けっこうある。

いったいどれを信じればいいのか――。

このパート4は、そんなあなたの足がかりにしていただくために、書きました。

1

どうしても点数が気になってしまう！
――テストとの向き合い方

うちの子は、全国規模の国語テストを受けると、なかなか思ったような点数を取れません。点数ばかり気にしないほうがいいか、とも思いますが、現実にうちの子より点数を多く取っている子がいる以上、点数が低いとどうしても落ち込みます。テストというものと、どう向き合うべきなのでしょうか？

＼次の3つを大事にしましょう！／

「まず5点分！」

「まず部分！」

「まず自分！」

《いつも金メダリストを目指していませんか？》

まず、「うちの子よりも点数を多く取っている人がいるので落ち込む」という発想について、お答えしておきましょう。

スポーツに置きかえて考えてみてください。

たとえば跳び箱で、「うちの子より高く跳べる子がいるので落ち込む」。運動会で、「うちの子より足が速い子がいるので落ち込む」。こういうことは、そこまで多くはないはずです。

それは、身体的な面、もっと言えば「目に見える面」では、あきらめがつくからです。

一方、頭脳的な面、「目に見えない面」では、あきらめがつきません。

だから、どこまでも上を目指してしまう。

わが子に対し、「オリンピックで金メダリストになりなさい」とは言わないのに、「模試で全国1位を取りなさい」とは言ってしまう。言わないまでも、心のどこかで思ってしまう。1位とは言わないまでも、1万人中の100位くらいは、期待してしまう。心のどこかで。あるいは、150点中135点くらいを、期待してしまう。

私は何も、夢を持つなと言っているのではありません。

あきらめろと言っているのでもありません。

たしかに、誰にでも「金メダルの可能性」はあります。ゼロではありません。

しかし、まずは現実を見つめるべきです。

それはすなわち、**「現実的な目標を立てる」**ということです。

１５０点満点の模試で、いつもだいたい70点を取る子がいるとします。

その子が立てるべき目標は、１５０点でしょうか？　否。１３５点でしょうか？　否。

１１０点でしょうか？　否。95点でしょうか？　否。

では、80点でしょうか？　これも、否、です。

その子が立てるべき目標は、75点です。

この発想を、忘れないでください。

どんな金メダリストも、目の前の現実的な目標を少しずつこなし、目標をそのつど立て直しながら、一歩一歩、高みへと上って行ったのです。

《いつも総合得点にばかり、とらわれていませんか？》

70点を取れる子の次なる目標は、75点。５点分だけ、目指すこと。

では、その5点は、どうすれば取れるのでしょうか。

答えは、**「部分を見ること」**にあります。

5点伸ばせる得意分野は？　苦手分野でも、5点のロスを防げる分野は？

それは、漢字の書き取りかもしれません。接続語挿入問題かもしれません。心情を問う選択式設問かもしれません。あるいは、独自性を発揮できる、字数制限のない記述設問かもしれません。

そのように、テストの答案をじっくり分析し、いったいどの部分で次の5点を取れるのか、冷静に考えることです。

そして、そのピンポイントの目標だけを、次のテストで頑張らせるのです。

欲張ってはいけません。

ところが、多くのお母さんお父さんは、ついこうなります。

「ま〜た70点……。もっと頑張りなさい！」

こういう言葉は、子どもの耳には「残り80点を全部取れ」と言っているように聞こえます。やる気がなくなるのも、無理はありません。

次に目指すべき「5点」を探してあげること。それが、あなたの役目です。

《あなた自身が、問題を解いてみましたか？》

そういう役目を果たすために不可欠なことがあります。

それは、あなた自身が、問題を解いてみるということです。

もちろん、完全に時間を計測します。

お子さんが50分で解いているのなら、50分のタイマーをかけ、よーいドンで始めます。途中で疲れても、スマホをいじったりしてはいけません。洗濯物を取り込むふりをしてバルコニーで息抜きをしてもいけません。テスト中なのですから。

問題用紙・答案用紙も、できるだけまっさらな状態にして用意します。

そうやって、お子さんと同じ条件で挑戦してみること。

これによって初めて気づくことが、たくさんあります。

まず、子どもを責めてばかりだった自分を恥じることになります。

そして、時間内に正解を打ち出すことがいかに難しいか、分かるはずです。

小学4年生程度の読解問題でも、かなり時間はシビアです。まして、5年生、6年生ともなれば、時間切れになる可能性も高まります。あなたが日ごろ文章の読み書きを得意としていても、その可能性は高いと思います。

そうやって実体験を得たとき初めて、「次の5点」はこれだ、ということに気づきます。この問いはミスしたけど、こう考えれば解けたはずだ。この勘違いさえなければ、この問いも解けたはずだ。逆に、この問いは難しすぎるからパスでいいだろう。

そういうことに気づくには、自ら問題と向き合うことが不可欠なのです。

《テストを疑え！》

そうやって解いてみることによって、疑問もわいてくるはずです。

「これ、問い方がおかしいいんじゃないの？」「この選択肢、全部間違いじゃないの？」「この抜き出し問題、正解が2つあるんじゃないの？」などと、問題への疑問がわくパターン。

また、「息子のこの記述答案は、10点中2点になってるけど、5点はあげていいんじゃないの？」などと、採点に疑問がわくパターン。

こうした疑問を、大事にしてください。

国語の読解問題というのは、そもそも「作者・筆者との対話」ではなく、**「出題者との対話」**です。さらに言えば、**「採点者との対話」**です。

そこには、多くの相対性（何とくらべるかによって変化・変動する性質）が存在します。

恣意性（しいせい）と言ってもよいでしょう。

とくに採点者については、模試の実施母体が大手であればあるほど、半ば素人のアルバイト学生が採点しているケースが多いのです。ツイッターなど、ウェブで検索してみてください。「採点　バイト」で検索すれば、その実情が次々と明るみに出るでしょう。

そこで、提案です。

医療と同じく、採点にもセカンドオピニオンを求めてはいかがでしょうか。

通っている塾の先生に、採点の妥当性を質問してみる（クレームではなく、教わる姿勢で）。学校や他塾の、信頼できる先生にも聞いてみる。

もしそれが模試でなく入試過去問なら、複数の出版社の過去問集の答えを見くらべてみることが大切です（出版社によって答えが違うのは、多々あることです）。

とにかく、冷静に疑問を持ち、冷静に確かめる。

これもまた、あなたが果たすべき役目の1つなのです。

《ポイント》　子どもを責める前に、あなたの意識改革が必要。

2

国語力を伸ばすうえで本当に必要なの？
──読書

うちの子は、積極的に本を読むほうではありません。読書感想文の課題図書として与えられた本を読む程度です。国語力を高めるには読書が役立つとよく言いますから、読ませたいのですが、そもそもなぜ読書が国語力に結びつくのか、私自身があまり分かっていません。そのあたりを教えてください。

こう覚えておきましょう！

「読書とは、他者の思考回路を獲得すること」

学校の先生も塾の先生も、国語力を伸ばしたければ本を読めと口をそろえて言います。

本を読むことに価値があるのは、当然のことでしょう。

ただ、なぜ本を読むと国語力が伸びるのか、その理由まで説明できる先生は少ないかもしれません。

たくさんの漢字を読めるようになるから？　それはむろんあるでしょうが、本質ではありません。プロの書き手が書いた文章を読むことで、正しい文章のお手本が頭に入るから？　それもたしかにあるでしょう。でもやはり、本質的ではありません。文章をたくさん読めば、読むのが速くなるから？　それも、間違っていません。しかし、やはり中心的な要素ではありません。

こうした直接的・形式的な価値は、本質ではないのです。

では、何が本質なのでしょうか？　答えは、これです。


他者の思考を追体験できること。

これこそが、読書の真価です。

子どもたちがよく読むのは、フィクション（物語・小説などの文学）です。

この場合、登場人物の思考を追体験できます。

もしそのフィクションの主題を追究すれば、作者の思考も追体験できるでしょう。

一方、ノンフィクション（フィクション以外の文章）の場合は、筆者の思考そのものを追体験できます。

次項であらためて述べますが、国語力とは思考力のことです。

他者の思考を追体験する量が多ければ多いほど、さまざまな思考回路を得ることができるわけですから、思考力が高まるのは当然です。そしてそれが、イコール国語力を高めることになるのです。これは、単に本の文章を目で追うだけ、字面を目でたどるだけでは、得られない効果です。


つまり、「本を読む」から国語力が伸びるのではないのです。

「本を読み、考える」から、国語力が伸びるのです。


ここで言う「考える」とは、他者の思考をたどることです。

他者の思考というのは、たいていの場合、自分の思考とは異なっています。

たとえば、主人公が親友の大ピンチの場面で手を貸さなかったとします。

それを読み、「あれ？　なんで、手を貸さないんだろう？　ぼくだったら、助けるけどな」と思います。

しかし、あとのほうになって、理由が明かされます。

「きみが自分でピンチを乗り越えるほうが、きみのためになると思ったんだ」

それを知って、読者は思います。

「ああ、そうか。それが、本当に〝友だち思い〟ってことなんだな」

このとき、主人公ならではの思考回路が、読者の中に生まれます。

「ピンチだ。だからこそ、助けない」

今までは、「ピンチだ。だから、助ける」という思考回路しか持っていなかったところへ、新しい思考回路が生まれたわけです。

もちろん、登場人物の考えに最初から共感することもあるでしょう。「分かる、ぼくも同じ行動をするよ」と。

ただ、一見自分と同じだと思える思考のプロセスにも、微妙な違いが必ずあります。

「よく考えると、この大ピンチは、命にかかわることだったはず。いくら自分で乗り越えてほしいと言っても、この場面では助けるべきだったたんじゃないかな」

こんなふうに微妙な違いがあることに気づけば、得るものはなお大きくなるでしょう。


なお、**「体験的知識を得られる」**というのも、読書の大きなメリットです。

たとえば、外国を旅した人のエッセイを読むと外国を体験できます（正確に言えば疑似体験ですが）。そうやって、「ああ、フランスってこういう国なんだな」などと、知ることができます。フランスへ、中国へ、あるいはインドへ。旅行記を読みさまざまな国へ旅をして得た知識は、日本と外国との違いを、あるいは日本そのものを考えるヒントにもなるでしょう。

知識は、あればあるほど、思考を助けてくれます。その意味でも、読書は国語力＝思考力につながっているわけです。


《ポイント》読書は、間接的に国語力を高めてくれる。

3

結局のところ、どうすれば高まるの？
——国語力

「答えのない問いに向き合うしかない時代が来る。他人のまねではなく自分の頭で考え、自分で答えを出すことが必要になる」。こんなことを耳にする機会が増えました。そのために国語力が大切だということも、よく聞きます。では、国語力とは何なのでしょうか？ あいまいなイメージしか、持てないのですが。

こう覚えておきましょう!

「国語でも、まずは、数学と同じように唯一の答えを求めることが大切」

答えのない問いに向き合う必要が出てくる。

たしかに昨今、新聞でもテレビでも本でも、そういう言葉がもっともらしく語られることが増えました。

しかし、私自身は、この言い回しが好きではありません。

とかく日本人は、目に見えないものをありがたがります。

唯一の答えが存在する問いより、多様な答えがありうる問いのほうが、価値がある。根拠もなく、そう考えているのではないでしょうか。

たしかに、科学技術が進歩した分だけ、行動の選択肢は増えています。

選択肢が増えた分だけ、どの選択肢が正解であるとは断定できない状況になっているというのも、分かります。

しかし、昨今の教育界の論調は、「答えのある問いを解くことができても無駄だ、というよりも有害だ」という方へ向かっており、その意味では危惧を覚えます。

唯一の答えが存在する問いに答えられる。

だからこそ、多様な答えが存在する問いにも、答えられるようになる。

そう考えるべきでしょう。

算数で考えればすぐに分かることです。

かけ算九九が言えて、図形の面積や立体の体積が求められる。唯一の答えを、出すことができる。しかるのちに初めて、独自の造形を生み出すこともできるようになる。

その意味では、「唯一の答えが存在する問い」に答えられることこそが、これからの時代によりいっそう求められることであると言ってもよいのです。

さて、今、算数を例に挙げました。

算数・数学（以後、数学と表記）では、公式どおりに解くことによって、唯一の答えを導き出すことができます。

公式を、そっくりそのまま、まねして使う。そして、答えを出す。

このプロセスを国語でも実践すること。

それが、国語力を高めるということです。

公式とは、まねをしたときに初めて効果を発揮します。


「他人のまねをするな。自分で考えよ」ではありません。

「他人のまねをせよ。自分で考えるな」です。

たしかに言語は数学とは違い、国や時代によって変化・変動します。しかしそれでも、ある国のある時代における言語は、一定のルールに基づいて運用されています。ですから、そこには「公式」が存在します。それを忠実にまねすることによってこそ、最も正しい、唯一の答えを導き出せるようになるのです。自分勝手に言葉を使えば、失敗します。

では、その公式とはどういうものでしょうか。

公式とは、技術・型・方法と言いかえることができます。

国語力を高めるための技術は、3つあります。

国語力を高める3つの技術

国語力
＝
思考力
＝
① 言いかえる力（同等関係整理力）
② くらべる力（対比関係整理力）
③ たどる力（因果関係整理力）

これらの内実については、既に多くの自著の中でこれでもかというほど詳述していますが、私の本を初めて読む方のために、骨組みだけお示ししておきたいと思います。

言いかえる力（同等関係整理力）

「言いかえる力」とは、単語レベル、文レベル、文章レベルで抽象化・具体化することにより、発信者の抱いているイメージを受信者に対しありのままに届ける（あるいは受信者がありのままに受け取る）ための力です。

抽象化とは、絵に描きづらいような表現に言いかえることです。固有の特徴を引き出し、同時に他の特徴を捨てることとです。たとえば、「バナナ」を「果物」と言いかえるのが抽象化です。このとき、「果物」という特徴だけを残し、「黄色い」「甘い」「長細い」といった特徴は、捨てています。

具体化とは、絵に描きやすいような表現に言いかえることとです。固有の特徴を付与することです。「果物」の絵を描くのは難しいですが、「黄色い果物」「甘い果物」「長細い果物」というように特徴を付与すれば、絵が浮かんできます。これが具体化です。

文章や会話の中で、今は抽象的に伝えるべきか具体的に伝えるべきかをそのつど考えることが大切です。これは、自分らしく考えろという意味ではありません。多くの他者が最も納得する客観性を目指すということです。

くらべる力（対比関係整理力）

人は、何かを肯定し主張しようとするとき、背後で何かを否定しています。否定までいかなくとも、肯定していないものがそこには存在します。

それはつまり、対比関係（二項対立）が存在するということです。

AではなくB。AよりもB。

このAとBを整然と対比するための技術・型・方法。それが、くらべる力です。

対比関係を整理すればこそ、明確な意味の像が、コミュニケーションを行っている両者の間に浮かび上がるのです。これも、ひとりよがりではない客観性を目指すということです。

なお、反対語（対義語）を意識することが、くらべる力のスタートラインになります。

たどる力（因果関係整理力）

AだからB。BだからC。
CなぜならB。BなぜならA。
このように、A・B・Cの各地点を「たどる」ことで、原因・結果の関係を整えていくこと。他者にとって最も分かりやすい、客観的な因果関係を示すこと。これが、たどる力です。これこそが論理的思考力の要であると言うこともできるでしょう。

昨今の教育界には、「探求型の授業」「主体的・対話的で深い学び」「アクティブラーニング」等々、美辞麗句がズラリと並んでいます。

これらはいずれも、「ひとりよがりの学び」に陥る危険性があります。

独自の発想をできることはもちろん大切です。大切ですが、まずは、当たり前にできなければならない客観的思考ができることを目指し、国語力を高める技術・型・方法、いわば公式をまねして、とことんまねして、身につけていくことが求められるのです。

《ポイント》 **独自性よりも、まずは客観性を求めることが大切。**

4

教えるべきか、教えざるべきか？
——教育の本質

子どもの勉強を見ていて、いつも迷うことがあります。それは、「どこまで教えてよいのか」ということです。たとえば、作文では、「これ以上教えると、私が書いた文章になってしまう。この子の作文ではなくなってしまう」「でも、教えないと書けない」というジレンマに陥ります。どうふるまうべきなのでしょうか？

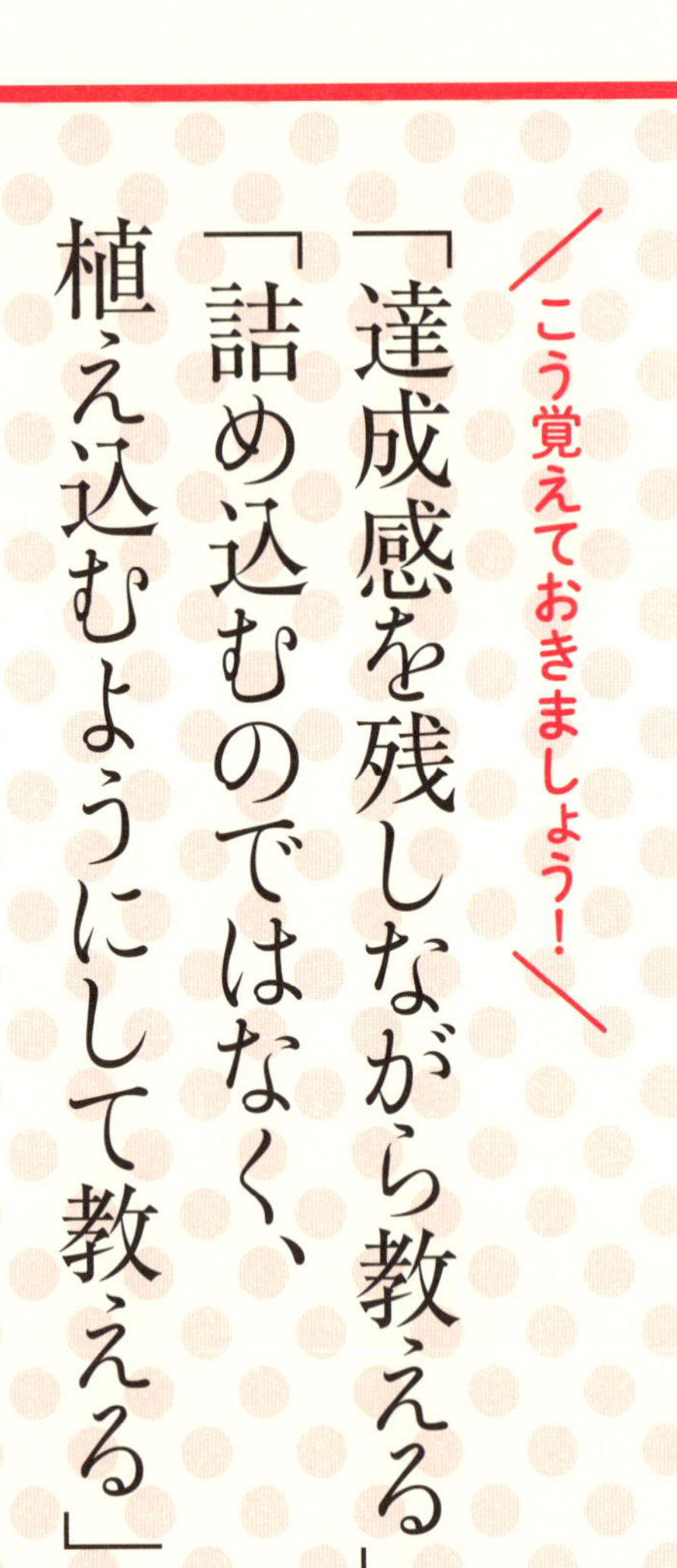
＼こう覚えておきましょう！／
「達成感を残しながら教える」
「詰め込むのではなく、
植え込むようにして教える」

教えるべきか。教えざるべきか。

これは、子を持つ親のみなさんだけではなく、学校の先生方も塾の講師の方々も、みんなが毎日毎日、迷っていることです。

さらに広げて言えば、会社などの組織で部下にどこまで教えるべきか、上司が悩んでいるということも、多々あるでしょう。

よく、教育とは「引き出す」ことであると言われます（educate の原義から）。

それは多くの場合、積極教育の反対語として用いられます。

「与える」のではなく「引き出す」のだ、と。

しかし、その考え方はちょっと間違っていると私は思います。


教育とは、「与える」ことにほかなりません。


子どもにとって未知の知識を、与えること。

それによって既知となった知識を子ども自らが引き出すための技術を、与えること。

知識を活用し論理的に考えるための技術を、与えること。

それらの技術を子ども自身が活用できるようになるための場を、与えること。

いずれも、与えることです。

ですから、親も教師も、与えることを恐れる必要はありません。


知識・技術の少ないうちは、与える量が増えるのは必然です。

大切なのは、目の前の子が今、どれほどの知識・技術を持っているのかを見極めることです。

学年はどうあれ、作文を書くための知識・技術を持っていないと思えるのであれば、どんどん手助けしてあげてよいのです。

昨今の学校教育では、残念ながら、「文章の書き方」のようなものを系統的に教えるということを、ほとんどしていません。

むしろ、「教えないこと」が美化される時代です。

たとえば、夏休み前に「読書感想文の書き方」をしっかり教わっている子など、ほとんどいないのではないでしょうか。私が小学校教師だった当時の経験、あるいは、多くの地域の多くの先生方とネットワークを介して交流し聞いたところによれば、子どもたちが与えられるのは「課題図書リスト」と「原稿用紙の枚数」だけ。書き方は一切教わらない。先生方からすれば、「教えている暇などない」というのが現状のようです。

これでは、書けるはずがありません。

ですから、お母さんお父さんが「こんなに手伝ってよいのだろうか」と思うくらいに手伝ってあげないと、書けないわけです。

とはいえ、あまり手を出しすぎると、子どもの達成感を奪ってしまいかねません。

そこで、達成感を残してあげるための工夫を、紹介します。

①出だしだけ、やってやる

文章を書くという作業は、とかく「最初のとっかかり」が難しいのです。

出だしはこんなふうにしてみれば？　などと、会話をとおしてアドバイスしていき、数行書けたら、あとは自分で書いてごらん、と任せます。

②終わりだけは、やらせる

①のようなやり方では足りず、ほとんどの内容を親がアドバイスする形になってしまっ

たとしても、最後の1段落、最後の数行だけは、子ども自身に書かせることが大切です。最後だけでも自力でやれば、達成感は残ります。

③選択させる

何かをアドバイスするとき、次のどちらに近い方法を採っていますか？

（1）こうしなさい、と指示する。方法Aだけを指示する。

（2）こうするか、ああするか、どうする？　と問いかける。

　方法Aと方法Bを示し、自分で選ばせる。

いつも（1）だったのであれば、（2）を意識していくことです。

選択肢は、2つだけでなく、ある程度多いほうがよいでしょう。

そのほうが、自分で選んだ、自分で決めたという達成感が得られます。

④段階的に減らしていく

同じような課題に2回、3回と取り組む際には、2回目、3回目と進むにつれて、与える量を減らしていきます。

これは当たり前のこと、簡単なことと思われるかもしれませんが、意外に難しいのです。教える側が、与える内容を細分化し、整然と頭の中で序列化しておかないと、「1回目ではここまで教えたので2回目はその2段階手前で止めよう」などとは考えられません。

さて、大まかに4つを例示しました。こうした意識を持つことで、子どもの達成感を残してあげることができるようになります。

ところで、ここまで読んで、こう思った方がいらっしゃるかもしれません。

「そうは言っても、積極的に与えるのって、どうしても詰め込みの印象があって、気が引けるなあ」。

では、「詰め込む」の反対語を考えてみましょう。

たとえば、「収める」「収納する」。

「知識を詰め込む」場合、バラバラに押し込むイメージがありますが、「知識を収める」場合、それは、知識を再度取り出すという前提で行われます。そこでは、知識の整理・関連づけが行われているのです（知識のみでなく技術・型・方法も当然同じです）。

「詰め込む」知識は点的ですが、「収める」知識は線的・面的なのです。

あるいは、「植え込む」でもよいでしょう。

「詰め込む」知識は根が生えず枯れてしまいますが、「植え込む」知識は根が生えて育ちます。植え込むときには、場所をよく考えて、栄養のある土の上に植える必要があります。それはつまり、整理・関連づけです。

何か知識を与えようとするとき、その知識が既にある他の知識とどう関係するのかを、そのつど考える。この未知を、どの既知の上に植えるべきなのかと、考える。

その整理・関連づけを正しく導くのが、「教える」という行為なのです。

この本でお示ししてきたのは、「教える」ための方法であり、それは「詰め込む」こととは全く違うわけです。どうぞ、安心なさってください。


《ポイント》未知は、積極的に与えよう。既知と関連づけながら。

5

親として必ずすべきこととは？
——子どもの将来

大手の塾に通わせ、高額な家庭教師もつけているのですが、うちの子の成績はなかなか上がっていきません。このままで中学受験に打ち勝てるとはとうてい思えません。最近は、親である私のほうがあせってしまい、子どもの前でストレスを爆発させてしまうことも増えています。どうしたらいいでしょうか？

こう覚えておきましょう!

「5年後、10年後、20年後にわが子が今をどう振り返るかを想像しながら、教え、育てよう」

学校教師の不祥事があとを絶ちません。

もちろん、ほとんどの先生方はまじめにやっているのですが、メディアはどちらかと言えば不祥事を取り上げたがるため、どうしても目立ってしまいます。

教師による言葉の暴力、体罰、あるいはわいせつ等、さまざまな問題を目にするたびに、いつも思うことがあります。


きっと、この先生は、子どもの「過去」や「未来」を想像したことがないんだろう。子どもの「今」しか見ていないに違いない――。


たとえば、目の前の子が、なかなか注意を聞かない。小学4年生。

不祥事を起こしてしまうような教師は、「今、目の前を走り回っている子ども」の姿しか見えていない。教師のほうも自分の「今」の感情を高ぶらせ、不必要なレベルで怒鳴ったり、あるいは拳を振り上げたりしてしまう。

一方、冷静な教師は、「今、目の前を走り回っている子ども」の3年前の姿を想像する。小学1年生のときはどうだったのだろう。今より、もっとひどかったに違いない。きっとこれでも、成長したのだろう。あるいは、3年後はどうなっているだろう。中学1年生にもなれば、分別がつくようになるはずだ。じゃあ、5年後は？　10年後は？　20年後は？

10年すれば、この子ももう成人。きっと、今とはくらべられないほど大人びた姿になっているはずだ。まして、20年もすれば——。

そんな長いスパンでのイメージを持つと、今目の前を走り回っている子どもの姿が、腹立たしいどころか、なんだか微笑ましくさえ思えてきます。

教師の話として述べましたが、これは親にも当てはまります。

幸いなことに、親は、子どもの「過去」をすべて知っています（教師には、なかなか難しいことです）。

あとは、「未来」への想像力を持つだけです。

今目の前にいるあなたのお子さんの姿は、あくまで「今」の姿にすぎません。

5年後、10年後、20年後。

どんなふうに成長しているでしょうか？

本を閉じ、目を閉じて、具体的にイメージしてみてください。

どんな手を尽くしても成績が上がらない。

そういう子でも、必ず、成長するのです。

テストで点数が取れないから10年後も同じ頭脳でいるはずだ——そう思いますか？

そんなはずがありませんよね。


さて、ここまでは、親の目線で子どもの未来をイメージすることについて述べました。

実は、もっと大切なことがあります。

それは、目線を切り替えることです。


5年後、10年後、20年後に、子ども自身が、今このときをどのような思いで振り返るだろうか？


そう考えるのです。

このことがなぜ大事なのか？　それは、あなたご自身が、ご自身の子どもだったころの記憶を思い出してみることによって、分かるはずです。

それは、明るいイメージですか、暗いイメージですか？

幼いあなたの周りを包んでいたのは、重たい空気ですか、軽やかな空気ですか？

5年後、10年後、20年後。お子さんが、どちらのイメージを浮かべることになるかは、今のあなた次第です。
あのころの父母の働きかけがあったおかげで、今の自分がある。
未来のわが子にそう思ってもらえるように、教え、育てようではありませんか。
大手塾に通わせることや、高額な家庭教師をつけることが大事なのではありません。
どんなに幼くとも、未熟であっても、子どもというのは独立した人格を持っています。
親子であっても「別人」です。
別人である「わが子」を育てる上で、大切なこと。

それは、わが子を人として尊敬することです。

5年後、10年後、20年後のわが子を思い浮かべることが、そういう子育ての入口になることでしょう。

《ポイント》 わが子は、わが子であって「わが子」ではない。

おわりに

〝国語のプロ〟でも絶対にできないこと

この本は、親が子に国語を教える際の「声かけ」を例示した本です。

しかし、私は実は、親が子に家庭で勉強を教えるということそのものに、半分賛成、半分反対です。

特に中学受験を目標にしているような家庭の場合、親が張り切りすぎて燃え尽きてしまい、子どものせっかくの才能が花開くチャンスを摘み取ってしまうようなケースが、多々あるからです。実際、そういうご家庭をたくさん見てきました。

親は、教師になることはできません。

教師とは、子どもとの間に安定的な距離を保てる存在です。

言いかえれば、上下関係をいつでも維持できるのが、教師です。

それに対して親は、教師のような関係性を築くのが難しい存在です。

世のお母さんお父さんが頻繁に口にする言葉があります。

「いやあ、私が教えると、どうしても親子げんかになっちゃうんですよ」

親子げんか。

この言葉は、親と子が対等な関係にある証拠でしょう。けんかとは、対等な者どうしがするものです。

一方で、教師の言うことは聞かなくても親の言うことは聞くという場面もあるわけですから、親の言葉が大きな効力を持つこともあるのは、否定できません。

言ってみれば、親と子は、対等関係と上下関係をふらふらと不安定に行き来しながら、互いの距離をケースバイケースで変えながら、ともに歩んでいく宿命にあるのだと思います。

そんななか、いかにして「教える」のか。「教育」するのか。

「教育」を成立させるには、一時的にも上下関係を構築しなければなりません。

さっきまで子どもと一緒に仲良く「このプリンおいしいね♪」と言いながらおやつを食べていた親が、勉強部屋に移動したとたん、「さあ勉強やるよ、テキスト開いて」と言わなければなりません。

こういうとき、その関係性の〝間〟を埋めるために必要なものは、何でしょうか？

それが、「声かけ」です。洗練された「ひとこと」です。

親に一定の権威を与えるもの。

「へぇ、お母さん、すごい」

「なるほど~、お父さん、さすが」

こんなふうに感じさせるもの。よい意味での上下関係を生み出すもの。

それは、内容のある、意味のある、実効性のある「声かけ」です。

この本で取り上げた「声かけ」の例は、「大声で」とか「やさしく」とか、あるいは「素早く」とか「ゆっくりと」とか、子どもの情緒にうまく働きかける方法を提示するためのものではありません。

あくまでも、実際に子どもの国語力が伸びる。成果に結びつく。そういう、価値のある「ひとこと」を集めたのが、この本です。

そして、そういう価値が親への尊敬を生み、それが「教育」を可能にするのです。

ところで、塾で教える身である私が「親には絶対かなわない」と思える点が1つあります。

それは、子どもとすごしている時間の総量です。

塾講師は週に1回ほどしか子どもに会えませんが、親は子どもに毎日会えます。

塾講師は授業で何か失敗すると1週間リカバリーできませんが、親は今日の失敗を明日リカバリーできます。すぐに取り戻せます。

ですから、ぜひ、失敗を恐れずお子さんに働きかけてみてください。

週1回の「ベストな教育」は、プロに任せましょう。

お母さんお父さんは、週7回の「ベターな教育」を積み重ねていけば十分です。

この本が、その一助となれば幸いです。


末筆ながら、この本の内容に多くのヒントをくださった、ふくしま国語塾の生徒・保護者のみなさん、そして、いつも自由な内容で本を書かせてくださる大和出版の竹下聡氏に、深く感謝申し上げます。ありがとうございました。

ふくしま国語塾 主宰　福嶋隆史

国語って、子どもにどう教えたらいいの？

音読から読解問題、作文・読書感想文まで、効果抜群のアドバイス集

2017年 9月 30日　　初版発行

著　者……福嶋隆史

発行者……大和謙二

発行所……株式会社大和出版

東京都文京区音羽1-26-11　〒112-0013

電話　営業部 03-5978-8121 ／編集部 03-5978-8131

http://www.daiwashuppan.com

印刷所……誠宏印刷株式会社

製本所……ナショナル製本協同組合

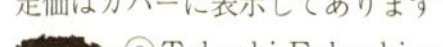

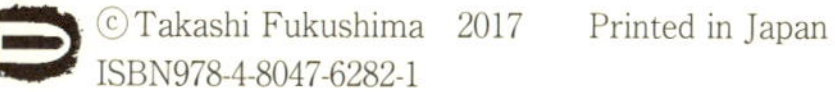

ISBN978-4-8047-6282-1